Training Note トレーニングノート β 英語長文

はじめに

　「大学入試の英語長文に短期間で強くなるには」という受験生諸君の真剣な問いかけに対し，現場の高等学校で教鞭をとってきた経験を基に，現時点での回答として本書を編集しています。「先生，英単語を覚えても，英語長文に自信が持てないんですが」とか，「英文法は何とか点数取れるんですが，英語長文問題はどう考えるのかさえわかりません」という皆さんの深刻な悩みをよく聞きます。実際，「大学入試の英語で点数が開くのは長文問題のできいかん」といっても過言ではありません。悩むのが当然です。でも，どうか安心してください。この本は，短期間で英語長文の苦手なひとは得意にし，得意なひとはもっと得意になるよう意図されて創られています。

　この本を通して本当の実力をつけ，入試で希望大学に合格され，さらに大学進学後もずっとこのすばらしい英語という言語に接していかれることを心より願っています。

編著者しるす

本書の特色

● 25 の題材は，国公私立大学の入試問題から，話題性の強い素材で，出題頻度の高いジャンルから厳選しています。

● 設問には，本文の内容を正確に把握しているかチェックするための内容一致問題，記述式問題，必要に応じて入試で狙われやすい設問などを設けています。

● 読むスピードを意識できるように，目標時間と語数を表示し，p.3 に WPM の記入欄を設けています。

● 別冊解答では，「解法のヒント」問題を解く上での着眼点などを解説し，「長文を読むためのヒント」では，大切な構文や長文を読み解くためのテクニックを簡潔にまとめています。また，「ワンポイントレッスン」においては，本文で扱われている語彙から，さらに語彙力をアップさせるための解説を入れています。

目　次

WPM表

WPM= 本文語数× $\dfrac{60}{\text{読むのにかかった時間(秒)}}$

日付	／	／	／	／	／	／	／	／	／	／	／	／	／
単元	1	2	3	4	5	6	7	8	9	10	11	12	13
語数	420	394	236	272	383	354	374	362	361	504	311	315	294
読むのにかかった時間(秒)	秒	秒	秒	秒	秒	秒	秒	秒	秒	秒	秒	秒	秒
WPM													

日付	／	／	／	／	／	／	／	／	／	／	／	／	
単元	14	15	16	17	18	19	20	21	22	23	24	25	
語数	444	379	455	367	458	455	385	317	504	535	622	501	
読むのにかかった時間(秒)	秒	秒	秒	秒	秒	秒	秒	秒	秒	秒	秒	秒	
WPM													

※ WPM とは Words Per Minute の略で，1 分間に何語読めたかを表します。

解答編：長文を読むためのヒント

POINTS

インターネットや携帯電話の普及によって情報や連絡の交換が容易になり，私たちをとりまく世界は一変した。このような時代において，「書く」ことの意義とは何だろうか。

A few years ago in an introductory writing class I was teaching, a girl explained that she wanted to investigate the ways in (X) her generation, the first to grow up with the Internet, was unlike any other generation before it. Concerned that someone in his mid-forties like me might not quite fully understand her meaning, she supplied a helpful analogy: "For us, computers are like what cars must have been for you." The class exploded with laughter.

The student had a point. Her generation was indeed different. The *world* was different. In a single generation, it had changed utterly.

Not so very long ago, when I had gone off to college myself, I'd left the familiar world behind and lived on campus, body and soul. Although there were weekend parties, it had been very much a monastic experience. Separated from home, I'd removed one layer of self after another, taken on new ideas and new practices, and by the end of those four years I had managed to become someone the younger I never would have imagined.

While I wouldn't suggest that college today doesn't have that same transformative potential, (1)there's no withdrawing, not anymore. We're all connected all the time. Class ends and students are barely out the door before they're calling home or emailing friends or surfing the web. Time for reflection is gone. They — and all of us — can end up unable to concentrate.

But when students write — when they sit down and think hard — they enter a silence, and in that silence (2)they can follow each thought all the way through until finally a belief takes shape. That belief can form the basis of a conviction, something that can inform the way they go on to live their lives.

Many times I've spoken with students about the importance of writing. I've explained that it's essential to learning, that to write well you have to read well, and that to read well you have to think hard. Thinking hard is how we learn, and is how we contribute to the learning of others.

Writing also matters to life after college. And life can be very hard. Even when things go well for us, the fundamental problem remains: what makes a life meaningful? I like to believe that by teaching writing what I'm really doing is (3)helping students find ways to face that problem head-on, so that when they

go out into the world, they can do good work and believe in the good work they do.

（注） monastic　禁欲的な　　transformative　変化させる力のある　　　　〔学習院大〕

□　**1**　空欄（ X ）に入る語として最も適切なものをア～エの中から1つ選びなさい。　（　　　）
　　ア　how　　イ　what　　ウ　where　　エ　which

□　**2**　下線部(1)とほぼ同じ意味を表すものを次のア～エの中から1つ選びなさい。　（　　　）
　　ア　you cannot avoid what you have to do
　　イ　you cannot return to the past
　　ウ　you cannot help thinking hard about yourself
　　エ　you cannot get away from contact with others

□　**3**　下線部(2)とほぼ同じ意味を表すものを次のア～エの中から1つ選びなさい。　（　　　）
　　ア　before developing a firm conviction, they must listen to other people's ideas
　　イ　by thinking deeply, they can finally form a firm belief
　　ウ　if they think hard enough, they will finally find a religion to believe in
　　エ　they must consider other people's advice to understand what others believe in

□　**4**　下線部(3)を，句読点を含め35字以内で和訳しなさい。

□　**5**　本文の内容と一致するものを次のア～エの中から1つ選びなさい。　（　　　）
　　ア　When the author was a college student, he didn't have any friends with whom he could go to weekend parties.
　　イ　The author believes that his students should separate themselves from the Internet in order to concentrate on their study.
　　ウ　When the author teaches writing, his students often interrupt him because they are not used to sitting down and thinking hard.
　　エ　The author believes that his students should learn how to confront their problems through learning how to write.

重要語句

□ analogy　比喩　　　□ body and soul　身も心も　　□ practice　習慣　　□ reflection　熟考
□ conviction　確信　　　□ contribute to ～　～に寄与する　　□ head-on　真正面から

主人公は大の花好き。しかし不運なことに，彼の温室のガラスは近所の悪ガキたちの格好の標的となった。あらゆる手段を講じたが効果なし。あきらめかけたそのとき，浮かんだ起死回生の彼の妙案とは？

There was once a man （ (1) ） spent all his spare time in one of his four glasshouses. Flowers was his name, and flowers were his main joy in life. (A)He grew flowers of every color under the sun, with names as long and difficult as those of the rulers of Ancient Rome. He grew these flowers in order to enter them for competitions. His one ambition in life was to grow a rose of an entirely new color, that would win the silver cup for the Rose of the Year.

Mr. Flowers' glasshouses were very close （ (2) ） a public path. This path was always used by children and young people walking to and from school. Boys of around thirteen years old, in particular, were often tempted to throw a stone or two at one of Mr. Flowers' glasshouses. They managed to resist the temptation when Mr. Flowers was about, but (B)the temptation often proved to be too strong when Mr. Flowers was nowhere to be seen. For this reason, Mr. Flowers did his best to be in or close by his glasshouses at the beginning and end of the school day.

However, it was not always convenient or possible to be （ (3) ） guard at these times. Mr. Flowers had tried in many ways to prevent damage to his glass; but (C)nothing that he had done had been successful. He had been to the school to complain to the headmaster; but this had not done any good. He had hidden in bushes and chased boys that threw stones into his garden; but the boys could run faster than he could, and they laughed at him from a distance. He had even walked along the path and picked up all the stones that he could find, so that the boys would have nothing to throw; but they soon found (D)others, or threw lumps of earth instead.

Then, just as he was giving up hope of ever winning the battle, and of growing the Rose of the Year, he had a truly (E)marvellous idea. He put up a large notice some meters away from the glasshouses where it could be clearly seen from the path. He had painted on the board the words: DO NOT THROW STONES AT THIS NOTICE. After this, Mr. Flowers had no further trouble: the boys were much more tempted to throw stones at the notice than at the glasshouses.

〔仙台白百合短大〕

□ **1** 文中の(1)～(3)に入る語を次のそれぞれの中から1つ選び，記号で答えなさい。

(1) ア what イ who ウ whom エ whose （　　）

(2) ア by イ up ウ to エ in （　　）

(3) ア with イ by ウ at エ on （　　）

□ **2** 下線部(A)，(C)を和訳しなさい。

(A) _____

(C) _____

□ **3** 下線部(B)を具体的な内容がわかるように，本文中の語句を使って英語で書き換えなさい。

_____

□ **4** 下線部(D)を2語(英語)で書き換えなさい。 _____

□ **5** 次のア～キの中から本文の内容と<u>一致しない</u>ものを2つ選びなさい。 （　　）（　　）

ア フラワーさんは花屋ではなく，趣味で花の栽培をしていた。

イ フラワーさんの育てていた花にはややこしい名前がついていた。

ウ フラワーさんの温室は登・下校時にはよく生徒たちが通る道のそばにあった。

エ フラワーさんは銀の鉢でバラの花を咲かせようと懸命に研究していた。

オ フラワーさんは品評会に出すために珍しい色のバラを咲かせようと一生懸命だった。

カ 子どもたちは石がみつからないと土の塊を投げつけた。

キ 子どもたちはフラワーさんがいても温室にいたずらをした。

□ **6** 子どもたちの温室荒らしを止めさせるためにとった手段のうち，不成功に終わった4つの例を日本語で簡潔に記しなさい。

1. _____

2. _____

3. _____

4. _____

□ **7** 下線部(E)は具体的にどんなことを言っているのか。60字以内(日本語)で説明しなさい。

_____

_____

重要語句

□ spare time　余暇　　□ glasshouse　温室　　□ Ancient [éinʃənt] Rome　古代ローマ

□ competition　品評会　　□ silver cup　銀杯(優勝者に与えられるカップ)　　□ public path　公道

□ temptation　誘惑　　□ complain　苦情をいう　图 complaint　　□ lumps of earth　土の塊，土だんご

□ marvellous idea　名案，妙案〔marvelous(主に米)〕　　□ notice　立て札

解答▶別冊P.5

POINTS

ある学校でアプリを使って語彙力アップをはかる取り組みが行われた。さて，その結果はどのようなものだった
だろうか？

Two teachers are discussing the graph.

Ms. Smith : Do you have a moment?
I've just got the results
of our experiment back,
and I'm sure you'll be
5 interested to see them.

Ms. Jones : Already? That's great
news. Did the students
show signs of improvement
10 after using the new
mobile phone app we
designed for learning
vocabulary?

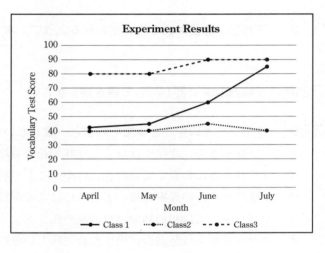

Ms. Smith : (1)In general, yes. But take a look yourself.

15 Ms. Jones : OK, so here are our three classes…and the y-axis shows their
vocabulary test scores, right?

Ms. Smith : Exactly. So, Class 1 has received the most benefit from the app.

Ms. Jones : Yes, it's wonderful news.

Ms. Smith : Class 3 has also shown improvement, (2   ).

20 Ms. Jones : That's true. I suppose it's because their scores were already quite
high before using the app.

Ms. Smith : I think you're probably right. Even so, a small improvement is still
good.

Ms. Jones : Of course.

25 Ms. Smith : But look at the results for Class 2. What do you make of that?

Ms. Jones : Well, (3)I've heard the students in that class don't take their studies
so seriously… It wouldn't surprise me if they just forgot to use the
app.

Ms. Smith : I'm afraid I can't agree with you there. Their homeroom teacher
30 told me the students are quite enthusiastic about the app. I think

we just have to accept that it doesn't work for everyone.

Ms. Jones : Well, let's repeat the experiment with a larger number of classes this time just to be sure.

Ms. Smith : OK. I'll get it set up then.

35　Ms. Jones : Great, thanks. See you tomorrow.

（注）　app　アプリ　　y-axis　y 軸　　　　　　　　　　　　　　　〔駒澤大学―改〕

□　**1**　下線部(1)でスミス先生が In　general と言った理由として最も適当なものをア～エから 1 つ選びなさい。　　　　　　　　　　　　　　　　　　　　　　　　　　　　（　　　）

ア　Because the results were ready earlier than expected.

イ　Because she expects that Ms. Jones will disagree with her.

ウ　Because the students in Class 2 don't take their studies seriously.

エ　Because not all classes improved their vocabulary test scores.

□　**2**　（　2　）に語句を補う場合，最も適当なものをア～エから 1 つ選びなさい。　　（　　　）

ア　in fact, the most　　　　　　　　イ　but not according to the graph

ウ　although not as much　　　　　　エ　because they started earlier

□　**3**　下線部(3)を，in that class を明らかにして和訳しなさい。

□　**4**　本文の内容と一致するものをア～エから 1 つ選びなさい。　　　　　　　　　（　　　）

ア　Ms. Smith and Ms. Jones agree on the interpretation of Class 2's results.

イ　Ms. Smith and Ms. Jones agree on the interpretation of Class 3's results.

ウ　Ms. Smith and Ms. Jones agree on the interpretation of the results for both Class 2 and Class 3.

エ　Ms. Smith and Ms. Jones don't agree on the interpretation of any of the results.

□　**5**　次の質問の答えとして最も適当なものをア～エから 1 つ選びなさい。　　　　（　　　）

What are Ms. Smith and Ms. Jones most likely to do next?

ア　design a better app

イ　do the experiment again

ウ　have the students read more news articles

エ　talk to the homeroom teacher of Class 2

重要語句

□ improvement　改善　　　□ design　設計する　　　□ vocabulary　語彙　　　□ benefit　恩恵
□ enthusiastic　熱心な　　　□ set up　準備する

4 How old are you?

解答▶別冊P.6

POINTS

日本では会話に年齢の話題がのぼることもあるが，同じ話題を西洋の人々にするとたちまち相手に不快感を与えることになる。はたしてどこに原因があるのだろうか。

In Japan the subject of one's age often (A)comes up in conversations, and the people seem quite open about discussing it. In fact, "How old are you?" is one of the very first questions asked by the Japanese upon meeting someone from another country (B) the first time.

5　Some people say that this is a common question in Japan because (C)(of, is, hard, the age, usually, foreign people, to tell, for Japanese people) or even to guess. But that is not a very convincing explanation, because if that were true, it should apply not just to the Japanese but (D) the people of all countries; yet, discussing people's age is something quite peculiar to Japan.

10　The more convincing explanation (E)may be this. When you talk in Japanese, one of the things that you must know is the age of the person you are talking to or about, or more specifically, (F)if he or she is younger or older than you are. Without (G)that information, you can't determine the right kind of language to use in a specific situation, and you may sound either too formal or too friendly.

15　In Europe and America, however, someone's age is strictly his or her private matter, and it usually requires great caution to bring it up. It might be wiser if you simply avoided (H) it, but if you really need to find out, the subject must be approached very carefully.

　　If you don't quite (I) how offensive the question "How old are you?" is
20　to someone from another country, just think how you would feel if someone (J)asked you if your father is well-educated. 〔日本工業大〕

□ **1**　下線部(A)を別の表現に置き換えた場合，意味・内容がほとんど変わらないものを下のア〜エから1つ選びなさい。　　　　　　　　　　　　　　（　　　）

ア　is interested 　　　　　　　　イ　is apt to come around
ウ　is provided in advance 　　　　エ　is brought up

□ **2**　空欄（　B　）に1語補う場合，最も適当なものを下のア〜エから1つ選びなさい。（　　　）
ア　at 　　　　　　イ　for 　　　　　　ウ　in 　　　　　　エ　through

3 下線部(C)の語または語句を，文脈からも文法的にも正しい語順に並べ換えた場合，最後にくるものをア～クから選びなさい。　　　　　　　　　　　　　　　　（　　　）

ア of　　　　　　イ is　　　　　　ウ hard　　　　エ the age　　　オ usually

カ foreign people　　　　　　　キ to tell　　　　ク for Japanese people

4 空欄（　D　）に1語補う場合，最も適当なものを下のア～エから1つ選びなさい。（　　　）

ア for　　　　　　イ to　　　　　　ウ from　　　　エ with

5 下線部(E)の意味として，最も適当なものを下のア～エから1つ選びなさい。　（　　　）

ア 上述したとおりかもしれない　　　　　イ 次に述べるとおりかもしれない

ウ 日本特有の現象といってもよい　　　　エ ずばり年齢を話題にすることであろう

6 下線部(F)の if の用法と同じ用法のものを下のア～エから1つ選びなさい。　（　　　）

ア I don't mind if you fall asleep.

イ I will never fail to do it if it kills me.

ウ He must know the song if he is younger than you.

エ What we wonder is if he will join our project.

7 下線部(G)の意味として，最も適当なものを下のア～エから1つ選びなさい。　（　　　）

ア 会話の相手あるいは話題にあがる人物の年齢がわかっているということ

イ 年齢の説明に説得力を持たせるための情報

ウ 正しいことばを使い分ける能力

エ 日本語で会話をする際に必要な資料としての言語能力

8 空欄（　H　）に語句を補う場合，最も適当なものを下のア～エから1つ選びなさい。（　　　）

ア to talk about　　　　　　　　　イ being talked about

ウ to be talking about　　　　　　エ talking about

9 空欄（　I　）に1語補う場合，最も適当なものを下のア～エから1つ選びなさい。（　　　）

ア hear　　　　　　イ look　　　　　　ウ watch　　　　エ see

10 下線部(J)を別の表現に取り替えても，意味・内容がほとんど変わらないものを下のア～エから1つ選びなさい。　　　　　　　　　　　　　　　　　　　　　　　　　（　　　）

ア said to you, "Is your father well-educated?"

イ said to you, "Is my father well-educated?"

ウ asked you whether his or her father is well-educated.

エ said to you, "Was your father well-educated?"

重要語句

□ open　公然の，寛大な　　　□ convincing　説得力のある　　　□ peculiar to ～　～に特有の

□ specifically　特に，具体的にいうと　　　□ determine　～を決める　　　□ specific　特定の

□ offensive　不快な，無礼な　　　□ well-educated　十分に教養がある

5 気象調査：科学者たちの情報収集

語数 383語
目標 3分10秒

解答▶別冊P.8

POINTS

世界中で地球の気候変動に関する議論が盛んに交わされている。その議論の根拠ともなる気象データは，誰がどのようにして集めているのだろうか。

Scientists are like (1)detectives, looking for clues to understand how the world works. They investigate to find evidence that will give them better ideas of what is going on. Here are some of the ways that scientists gather evidence about climate, both past and present.

5　To know the temperature of the Earth is quite important for the study of weather and climate. Scientists use weather stations (2)equipped with special thermometers to measure the temperature on the surface of the Earth. Weather stations can be set up almost anywhere on land. They become (3)observation points to get data on how fast the wind is blowing or how much rain falls during a storm. Another method of weather observation is the use of balloons. Almost everyone likes balloons, including scientists! Weather balloons carry special instruments that measure temperature, pressure, humidity, wind speed, and wind direction. The balloons, released to float up high into the air, send information back to the people on the ground. For continuous observations on global weather, scientists launch satellites into space. Weather satellites that travel around the Earth monitor cloud systems, sand storms, snow cover, and ocean currents.

Scientists, who want to know more about climate, study glacier ice or tree rings. They cut pieces of ice from the glaciers and collect the air bubbles that have been trapped inside for hundreds or even thousands of years. (A)The captured air gives clues to what the climate on the Earth was like at that time. The evidence uncovered is making a historical record of regional temperatures and greenhouse gas concentrations dating back more than a hundred thousand years. Tree rings are also useful. Since a tree grows a new ring every year, you can tell how old it is by counting its rings. Besides, the sizes of the rings provide information about the amount of (4)precipitation that fell each year in the area the tree is located. Precipitation is rain or snow or any other moisture that falls to the Earth.

Weather stations, balloons, and satellites are all used to find out about the temperature and other conditions of the Earth today. Both air bubbles in glaciers and tree rings tell us about the climate in the past. Scientists continue

to gather evidence in various ways to learn further how climate changes.

(注) humidity 湿度　　glacier 氷河　　greenhouse gas concentrations 温室効果ガス濃度

□　**1**　下線部(1)〜(4)の意味に最も近いものをそれぞれア〜エの中から1つ選びなさい。

(1)　detectives　　　　　　　　　　　　　　　　　　　　　　　　　　（　　　）

ア　研究者　　イ　調査員　　ウ　探偵　　エ　発明家

(2)　equipped with　　　　　　　　　　　　　　　　　　　　　　　　（　　　）

ア　〜を備えた　　イ　〜を操作した　　ウ　〜を施した　　エ　〜を調整した

(3)　observation　　　　　　　　　　　　　　　　　　　　　　　　　（　　　）

ア　検査　　イ　研究　　ウ　観測　　エ　調査

(4)　precipitation　　　　　　　　　　　　　　　　　　　　　　　　　（　　　）

ア　落雷　　イ　降水　　ウ　積雪　　エ　暴風雨

□　**2**　下線部(A)を和訳しなさい。

□　**3**　本文の内容と合致するように，次の英文(1)，(2)を完成すると，空欄に入るのはどれか，最も適当なものをア〜エの中から1つ選びなさい。

(1)　A weather station (　　　　).

ア　cannot be placed on the ground　　イ　is never used on rainy days

ウ　measures wind speed　　　　　　　エ　does not have a thermometer

(2)　Unlike a weather station, a weather satellite gives us information about
(　　　　).

ア　ocean currents　　イ　storms　　ウ　rain　　エ　the temperature

□　**4**　本文の内容と合致するものを次のア〜オの中から2つ選びなさい。　　（　　　）（　　　）

ア　Some scientists like detectives because they give the scientists clues to understand how the world works.

イ　Balloons observe weather conditions more globally than satellites.

ウ　Glacier ice helps scientists find out the temperature from thousands of years ago.

エ　Tree rings give scientists information as to the climate in the past.

オ　Scientists have already discovered the best way to study climate changes.

重要語句

□ clue　手がかり　　　□ investigate　調査する　　□ evidence　証拠　　　□ thermometer　温度計
□ trap　閉じ込める　　□ uncover　明らかにする　　□ regional　地域の　　□ provide　提供する

6 ことわざのおもしろさ

語数	354語
目標	3分00秒

解答▶別冊P.10

POINTS

このレッスンに登場することわざは 20 以上もある。ことわざの特徴的な表現に注意しながら，さまざまな英語のことわざについて学習していこう。

The wisdom from the past comes from a variety of sources. Although one tends to equate culture with the great scholarly or literary works, this view is an oversimplification. The wisdom of earlier centuries can also be transmitted in proverbs, popular sayings, customs, and superstitions.

5　A proverb is a casual, yet significant generalization about man's behavior. Since proverbs are based on observations, they teach lessons —— sometimes cynical, sometimes humorous and often contradictory. We can find, for example, many proverbs that discuss money. Some insist that 'money is the root of all evil.' Others preach that the value of money is marginal: 'health is better than
10　wealth,' or 'the best things in life are free.' Yet there are just as many proverbs that underscore the importance of money: 'money talks,' and 'money makes money.' Thus, it is left up to each individual to draw the most appropriate conclusion.

Most proverbs date back to an agricultural civilization when machines played
15　a very minor role. The lessons are simple, direct and basic. 'A stitch in time saves nine'; 'live and let live'; 'out of sight, out of mind'; 'necessity is the mother of invention'; 'the grass is always greener on the other side of the fence.'

Proverbs may use animal images. 'Curiosity killed the cat' (but satisfaction
20　brought him back); 'a barking dog seldom bites'; 'don't awaken a sleeping lion.' A guest should be careful not to overstay his welcome, because 'fish and guests smell in three days.' One should accept a gift without criticism: 'never look a gift horse in the mouth.' If a boss does not come to the office, the dependents may relax. 'When the cat's away, the mice will play.'

25　'There is honor among thieves,' because 'birds of a feather flock together.' A cat is lucky, since he has 'nine lives.' One should remember the dangers of being greedy, because 'a bird in hand is worth two in the bush.' 'You can't teach an old dog new tricks.' 'The early bird catches the worm.' It is obvious that you can't please everyone, because there is 'more than one way to skin a
30　cat.'

〔熊本女子大〕

□ **1**　次の日本語のことわざに相当する英語のことわざを本文より抜き出しなさい。

　(1)　鬼のいぬ間に洗濯　　　　　　　_____

　(2)　早起きは三文の得　　　　　　　_____

　(3)　去る者は日々に疎し　　　　　　_____

　(4)　今日の一針，明日の十針　　　　_____

　(5)　類は友を呼ぶ　　　　　　　　　_____

　(6)　さわらぬ神にたたりなし　　　　_____

　(7)　明日の百より今日の五十　　　　_____

□ **2**　お金に関することわざでお金の価値を，(1)高く評価したことわざ　(2)最も低く評価した
ことわざをそれぞれ本文中から選び，日本語で答えなさい。

　(1)　_____

　　　_____

　(2)　_____

□ **3**　下線部を和訳しなさい。

　_____

　_____

　_____

□ **4**　次の各語を（　）内の指示に従って書き換えなさい。

　(1)　variety（形容詞形）　　　_____

　(2)　equate（名詞形）　　　　_____

　(3)　conclusion（動詞形）　　_____

　(4)　mice（単数形）　　　　　_____

　(5)　remember（名詞形）　　　_____

重要語句

□ wisdom[wízdəm] 英知，知恵　　　□ equate[ikwéit] 同一視する　　　□ scholarly 学問的な

□ oversimplification 単純化しすぎること　　　□ transmit 伝える，知らせる　　　□ superstition 迷信

□ casual 打ち解けた，さりげない　　　□ generalization 一般化，普遍化　　　□ cynical 皮肉的な

□ contradictory 矛盾した　　　□ preach 説教する　　　□ marginal 重要でない，傍流の

□ underscore 〜に下線をひく，〜を強調する　　　□ criticism あら探し，非難　　　□ skin 〜の皮をはぐ

POINTS

私たちは初めて出会った人に対してさまざまな第一印象を持つ。この第一印象とはどのように形作られるのだろうか。また，第一印象がその後の人間関係に及ぼす影響とは？

When people meet for the first time, they make first impressions of one another in a few seconds. To do this, they notice clothes, body shape, the way a person talks, and expressions he or she makes. Research shows that first impressions are very important because they have a strong impact on forming
5 relationships.

Studies show that the primacy effect is an important part of first impressions. The primacy effect is the idea that the first impression is very difficult to change. After the first meeting, two people may interact again and learn more about each other, but the early impressions they formed will influence their
10 feelings about each other in the future. For example, if a person has a good first impression of someone, he or she probably will not notice bad things about the person later. However, if that person has a bad impression, he or she will probably notice mostly bad things in the future.

Another interesting part of first impressions is that people act how others
15 expect them to act. This is called a self-fulfilling prophecy. Research by Snyder and Swann supports this idea. In their study, partners played a game together. The partners did not know one another, so the researchers told each player about his partner. Sometimes they said positive, or good, things about a partner. Sometimes they said negative, or bad, things. The result of the study
20 showed that players acted friendly when they expected their partners to be friendly, but they acted unfriendly when they expected their partners to be unfriendly. The players' expectations influenced how they acted toward one another.

A related study by Michael Sunnafrank showed that when people first meet,
25 they quickly make predictions about what kind of relationship they will have. Sunnafrank found that these predictions had a strong impact on future relationships. In his study of 164 first-year college students, Sunnafrank found that when students predicted they could be friends, they sat closer together in class and interacted more. As a result, they actually became friends. In other
30 words, they made their predictions come true.

Clearly, first impressions are very important in forming relationships, because

they influence the expectations people have of one another and how they behave toward one another.

□ **1**　第1段落の内容に合うものとして最も適当なものを，ア～エから1つ選びなさい。（　　　）

ア First impressions are not significant in the formation of good future relationships.

イ It normally requires a long time for people to make impressions of one another.

ウ Such factors as a person's clothes help create impressions when people first meet each other.

エ The kinds of language people use have little influence on their first impression.

□ **2**　下線部の内容として最も適当なものを，ア～エから1つ選びなさい。（　　　）

ア When we expect our partners to be friendly, they behave contrary to our expectations.

イ When we expect our partners to be friendly, they expect us to be friendly, too.

ウ When we expect our partners to be unfriendly, they act friendly to us.

エ When we expect our partners to be unfriendly, we act unfriendly to them.

□ **3**　本文の内容と合うものを，ア～キから2つ選びなさい。（　　　）（　　　）

ア The way you talk when you first meet someone is the only factor that determines his or her first impressions of you.

イ In the course of a series of encounters, first impressions are often transformed.

ウ Future relationships with somebody are often influenced by the early impressions people form about him or her.

エ A bad impression of someone is difficult to change while a good impression is easy to change.

オ Snyder and Swann found that when people were told what kind of person their partner was, they were affected by that information.

カ Michael Sunnafrank argued against the idea that people tend to behave according to their predictions.

キ The expectations people have of one another do not influence how they behave toward one another.

重要語句

□ form 形成する　　□ primacy 優位, 卓越　　□ interact 相互に作用し合う
□ influence 影響する　　□ expect 予期する 图 expectation 予期　　□ prophecy 予言
□ related 関連した　　□ prediction 予測 働 predict　　□ clearly 明らかに

17

8 牛乳を飲まないとダメ？

語数 362語
目標 3分00秒

解答▶別冊P.13

POINTS

牛乳を飲むと骨が強くなると言われているが，実際それは本当なのだろうか？様々な研究データから真相に迫ってみよう。

In many parts of the world, children are told to drink milk every day because doing (1)so will give them strong bones. The idea does make some sense. Milk contains calcium, and calcium is known to improve bone density.

But (2)demonstrating a definite link between milk consumption and bone
5 density is more complex than it sounds. The ideal study would take two large groups of people and assign every member of one group to drink plenty of milk daily for several decades, while the other group would drink some kind of milk substitute instead. (A), this is too difficult to do (3)in practice.

What we can do instead is to take thousands of people, ask them how much
10 milk they've been drinking over the years, and then follow them for at least a decade to see whether those who regularly drink milk are any less likely to suffer from broken bones later in life.

This is what happened in an article published in 1997 by Harvard University researchers. An impressive 77,000 female nurses were followed for 10 years.
15 (4)In that study, researchers found no significant difference in the numbers of broken arms or hips between people who drank one glass of milk a week or less and those who drank two or more.

To confuse things further, in 2014 came the results of two large Swedish studies which led to headlines that drinking more than three glasses of milk a
20 day — a larger amount than most people drink — was no help to your bones, and might even harm you.

But before we (5)pour away the milk, there are some important things to take into account. For example, in the Swedish studies, (6)the people who took part were required to estimate their milk consumption during the previous years,
25 which is no easy task. It's hard to know how much you eat with cereal, or in tea, or in cooking. So, until we know more, the current weight of evidence suggests that it is still OK to continue to drink milk if you like it. It probably does have benefits for bone health, even though such benefits are shorter-lived than you might have hoped.

(注) bone density 骨密度

〔甲南大一改〕

18

□ **1** 下線部(1)の内容を日本語で具体的に述べなさい。

_____

□ **2** 下線部(2), (3), (5)に代わる語句として最も適当なものをア〜エから1つ選びなさい。

(2) ア examining　　イ finding　　ウ protesting　　エ showing　（　　）

(3) ア in training　　イ in reality　　　　　　　　　　　　　　（　　）
　　ウ without effort　エ without preparation

(5) ア dispose of　　イ finish　　ウ reduce　　エ throw up　（　　）

□ **3** （　A　）に入る最も適当なものをア〜エから1つ選びなさい。　　（　　）

ア In addition　　イ Fortunately　　ウ Obviously　　エ Therefore

□ **4** 下線部(4), (6)を和訳しなさい。

(4) _____

(6) _____
_____

□ **5** 本文の内容と一致するものをア〜エから1つ選びなさい。　　（　　）

ア In an ideal study, every person would be assigned to two groups of milk drinkers, with each group followed for more than 10 years.

イ In the Harvard University study that appeared in 1997, researchers were greatly impressed by the health of more than 70,000 female nurses.

ウ Two later studies in 2014 were reported as suggesting that above-average consumption of milk might have negative consequences for physical health.

エ Drinking milk is probably good for your bones, so you might live longer than you think.

重要語句

□ calcium カルシウム　　□ definite はっきりした　　□ consumption 消費　　□ complex 複雑な
□ assign 命じる　　□ substitute 代替品　　□ suffer from ～ ～(傷など)を負う
□ significant 重要な　　□ confuse 混乱させる　　□ estimate 推定する　　□ current 現在の
□ evidence 証拠

POINTS

「ほかの国には気候があり，イギリスには天候がある。」この冒頭文でわかるように，イギリスの天候に関する文である。はたしてイギリスの天候はその国民性にいかなる影響を与えてきたのだろうか。

"Other countries have a climate; in England we have weather." This statement, often made by Englishmen to describe the peculiar meteorological conditions of their country, is both revealing and true. (1)It is revealing because in (2)it we see the Englishman insisting once again that what happens in
5 England is not the same as what happens elsewhere; its truth can be ascertained by any foreigner who stays in the country for longer than a few days.

(3)In no country other than England, it has been said, can one experience four seasons in the course of a single day! Day may break as a gentle spring morning; an hour or so later black clouds may have appeared from nowhere
10 and the rain may be pouring down. At midday conditions may be really wintry with the temperature down by about eight degrees or more centigrade. And then, in the late afternoon the sky will clear, the sun will begin to shine, and for an hour or two before darkness falls, it will be summer.

In England one can experience almost every kind of weather except the most
15 extreme. (Some foreigners seem to be under the impression that for ten months of the year the country is covered by a dense blanket of fog; this is not true.) The problem is that we never can be sure when the different types of weather will occur. Not only do we get several different sorts of weather in one day, but we may very well get a spell of winter in summer and vice-versa.
20 This uncertainty about the weather has had a definite effect upon the Englishman's character; (4)it tends to make him cautious, for example. (5)The foreigner may laugh when he sees the Englishman setting forth on a brilliantly sunny morning wearing a raincoat and carrying an umbrella, but he may well regret his laughter later in the day! The English weather has also helped to
25 make the Englishman adaptable. It has been said that one of the reasons why the English colonized so much of the world was that, whatever the weather conditions they met abroad, they had already experienced something like them at home!

〔京都府立大〕

□ **1** 下線部(1), (2)は文中のある共通の語(句)を指している。それは次のア～エのうちどれか。記号で答えなさい。 （　　　）

ア weather　　イ England　　ウ their country　　エ this statement

□ **2** 下線部(3), (5)を和訳しなさい。

(3) ....

....

(5) ....

....

□ **3** 下線部(4)の it は何を指すか。文中の英語で答えなさい。

....

□ **4** 次の各語の名詞形をそれぞれ答えなさい。

(1) peculiar　--

(2) appear　--

(3) extreme　--

(4) dense　--

(5) occur　--

(6) definite　--

□ **5** 次の英文のうち，本文の内容と一致するものを１つ選びなさい。 （　　　）

ア Even if a foreigner stayed in England for a week, he could not realize her peculiar meteorological conditions.

イ It is easy for almost every Englishman to foretell when the different types of weather will occur.

ウ One of the reasons for the Englishman's cautiousness is the uncertainty of the English weather.

エ The Englishman chose regions having a mild climate for his colonies.

重要語句

□ meteorological　気象上の　　□ revealing　（実態をよく）示している　　□ be ascertained　確かめられる
□ from nowhere　どこからともなく　　□ pour [pɔ́ːr] down　（雨が）激しく降る
□ centigrade　百分度，摂氏度（Celcius 氏創案の温度表示法）　　□ spell　（天候の）ひと続きの期間
□ vice-versa　その逆も真なり（ラテン語からの転用）　　□ uncertainty　不安定なこと　　□ definite　明確な
□ set forth　出かける　　□ adaptable　順応しやすい　　□ colonize　植民地にする

🖊 POINTS

子どもは 1 つか 2 つは秘密を持っているものである。とはいえ，このエッセイで語られるような秘密を隠し通そうとする子どもはなかなかいないだろう…。

My father lost his sight when he was twelve. Climbing the stairs to his Chicago apartment, he somehow fell backward, hitting his head hard against the pavement and filling it with blood. It would have been better if some of this blood had seeped out, alerting him to seek medical attention, but (1)when the area of impact only swelled up a little and throbbed, he took care of it by applying two cubes of ice and eating six peanut butter cookies. He did not tell anyone about the injury. He also did not mention the two weeks of headaches that followed, the month of dizzy spells, or that the world was growing increasingly, terrifyingly dark.

His mother had died of cancer four years earlier. His alcoholic father was rarely around. So at home my father only had to conceal his condition from his grandmother, Mama Alice, who herself could barely see because of her bad eyesight, and his three older brothers and sister, who paid him little attention in the past. His grades at school suffered, but his teachers believed him when he said his discovery of girls was the cause. He spent less and less time with his friends, gave [a] baseball altogether, and took to walking with the aid of a tree branch. In this way, his weakening vision remained undetected for three months, until things fell apart one morning at breakfast.

Mama Alice greeted him as he sat at the table. She was by the stove, he knew, from the location of her voice. As he listened to her approach, he turned [b] his face. She put a plate in front of him and another to his right, where she always sat. She pulled a chair beneath her. He reached [c] his fork, accidentally knocking it off the table. When several seconds had passed and he had made no move, she reminded him that forks couldn't fly. He took a deep breath and reached down to his left, knowing that [d] find the (2)utensil would be a stroke of good fortune, since he couldn't even see the floor. After a few seconds of sweeping his fingers against the cool hardwood, he sat back up. There was fear in Mama Alice's voice when she asked him [e] was wrong. There was fear in his voice when he confessed he couldn't see.

He confessed everything then, eager, like a killer at last confronted with evidence of his crime, to have the details of his awful secret revealed. And

when pressed about why he had not said anything sooner, he mentioned (3)his master plan: he would make his sight get better by ignoring, as much as possible, the fact that it was getting worse.

35　　For putting up with his fading vision in silence, Mama Alice called him brave. His father called him a fool. (4)His teachers called him a liar. His astonished friends and siblings called him cool. The doctors called him [(5)], because the damage was reversible and his eyesight would be restored.　〔首都大学東京〕

□ **1**　空欄 a～e に適する一語をア～ソから選び，記号で答えなさい。

ア away　　イ for　　ウ into　　エ of　　オ on
カ out　　キ over　　ク to　　ケ under　　コ up
サ upon　　シ what　　ス where　　セ which　　ソ who

a(　　)　b(　　)　c(　　)　d(　　)　e(　　)

□ **2**　下線部(1)を和訳しなさい。

□ **3**　下線部(2)と同じ意味で使われている単語一語を，同じ段落から抜き出しなさい。

□ **4**　下線部(3)の内容を日本語で具体的に述べなさい。

□ **5**　下線部(4)に書かれているように，彼は「うそつき」と言われましたが，教師たちに対して，どのようなうそをついたのか，日本語で具体的に述べなさい。

□ **6**　空欄(5)にあてはまる，最も適当だと思われる英語を単語一語で書きなさい。

重要語句

□ pavement 舗道　　□ seep 漏れ出る　　□ alert 警告する　　□ swell up 腫れる
□ increasingly ますます　　□ conceal 隠す　　□ grade 成績　　□ cause 原因
□ altogether 完全に　　□ remain 依然として～のままである　　□ remind ～に思い出させる
□ confess 打ち明ける　　□ confront 直面する　　□ reveal 明らかにする　　□ sibling 兄弟

23

ウォルト=ディズニーの奇跡の物語

語数 311語
目標 2分20秒

解答▶別冊P.19

POINTS

ファンタジーの世界において，最も偉大な巨匠となったウォルト=ディズニー。彼のサクセスストーリーの秘訣は，いったいどこにあるのだろうか。

The story begins long ago in Kansas City. A young fellow with an urge to draw went from newspaper to newspaper to sell his cartoons. But each editor coldly, and perhaps a bit cruelly, informed him that he had no talent and advised him to forget it. But he couldn't forget his dream, for it had grabbed
5 him and wouldn't let go. How can you forget a powerful motivation?

Finally a priest employed the young man for hardly any pay to draw advertising pictures for church events. But the beginning artist had to have a "studio", another way of describing a place to sleep as well as to draw. It seems the church had an old garage filled with mice and he was told he could
10 stay there. And what do you know? One of those mice became world-famous, as did the young artist. The mouse became known to millions as Mickey Mouse; the artist was Walt Disney.

This young man made miracles happen on a vast scale, for this once-upon-a-time miracle story grew into motion pictures which developed into Disneyland
15 in California and into Disney World in Florida. And all these marvels happened in America, the land where dreams come true, where miracles are made.

Of course, back in those days when he scarcely had two nickels to rub together and everyone was ignoring him, Walt Disney could have become soured on the "establishment," growling that the country was for the rich only
20 and the system had to be destroyed. But this man didn't go emotional and become a bitter protester. He just kept on believing in himself and working and dreaming and making miracles happen and becoming, finally, the world's greatest master of childhood fantasy. He reached the heart of America, and the people of his country — indeed, the whole world — loved him. The
25 American miracle story isn't dead.

〔駒澤大〕

□ **1** 次の(1)～(5)の空欄にア～エの中から1つ選び，本文の内容に合うように英文を完成させなさい。

(1) The young man （　　　　　）
ア didn't want to sell his cartoons.　　イ was told not to forget his dream.
ウ earnestly wanted to be a good cartoonist.
エ dreamed of becoming a newspaper editor.

(2) Finally a priest gave the young man （　　　　　）
ア a job to draw pictures for church events.
イ a house in which to sleep as well as to draw.
ウ a luxury studio to make movies.
エ a role in a cartoon film.

(3) The idea of Mickey Mouse originated from Walt Disney （　　　　　）
ア after he became famous throughout the world.
イ before he got employment as a newspaper editor.
ウ when he was making his living as a priest.
エ while he was living in an old garage.

(4) When he was a poor young artist, Walt Disney （　　　　　）
ア constantly complained about the establishment.
イ never blamed the editors for his poverty.
ウ thought that the country was against the poor.
エ was ignored because of his laziness.

(5) Walt Disney's secret of success is that he （　　　　　）
ア trusted his own dream to the last.
イ was an impatient artist.
ウ tried to make miracles happen without doing anything.
エ became a writer of the American miracle story.

□ **2** 次の各語を（　）内の指示に従って書き換えなさい。
(1) urge （形容詞形）　...................................　(4) picture （形容詞形）　...................................
(2) cruel （名詞形）　...................................　(5) destroy （名詞形）　...................................
(3) miracle （形容詞形）　...................................

重要語句

□ urge to ～　～したいという衝動　　□ cartoon　続き漫画，（映画の）下絵
□ powerful motivation　すさまじいやる気　　□ on a vast scale　巨大な規模で
□ once-upon-a-time　大昔の（形容詞の限定用法）　　□ motion picture　映画　　□ marvel　不思議な出来事
□ become soured on ～　～がつくづくいやになる，～に敵意を抱く　　□ establishment　（既成の）支配階級，体制
□ growl　不平を言う　　□ go emotional　感情的になる　　□ bitter protester　激しい抗議をする人

POINTS

発足当時は，単なる室内ゲームにすぎなかった卓球。それがどのような変遷を経て，現在のような国際的スポーツになったのだろうか。

Table tennis, or ping-pong — as some people call it, was developed in England about 1880.　It quickly became a popular parlor game on both sides of the Atlantic, but nobody took it （　(1)　） seriously as a sport. It was the kind of game you played for fun in your basement or playroom with your dad — but
5　hold a match that people would actually come to watch？　Never！

Then, in 1922, the first English Open Champion Table Tennis games were held, to be followed in 1926 by the first World Champion games.　These games have been held every two years （　(2)　） since.

①As the popularity of table tennis spread, competition became stiffer, and
10　standardized equipment and rules evolved.　New ways to hold the paddle spread among players.　Most Americans use a "shakehands" grip — one that （　(3)　） them to hit the ball with both sides of the paddle.　Asians, however, who have become champions at table tennis in recent years, prefer the "penholder" grip.　In this grip, the paddle is held between the thumb and
15　forefinger like a pen, and only the front side can be used in play.

American-Asian competition has always been keen, and in 1971, the United States table tennis team went to Japan to play. While there, they were invited to play in China, and they went. This was the first official cultural exchange between the U.S. and Mainland China in almost 20 years.　Later, the Chinese
20　went to the U.S. and （　(4)　） American sports fans with their skillful playing.

The Chinese may be （　(5)　） the best ping-pong players in the world, but an Englishman takes the honor as the fussiest.　In 1956, during the World Table Tennis Champion games, Richard Bergmann held up a match for half an hour. The reason？　He complained his ball was "too soft."　Bergmann looked at 192
25　new balls ②before finding one that felt right to him！

（注）paddle　いわゆる「ラケット」　fussy　小うるさい　　　　　　　　　〔立教大〕

26

□ **1** 文中の空欄(1)～(5)を補うのに最も適当な語を，それぞれ対応する次のア～オから1つずつ選びなさい。

(1) ア far イ in ウ much エ too オ upon （　　）
(2) ア always イ ever ウ from エ just オ then （　　）
(3) ア allows イ compels ウ has エ makes オ puts （　　）
(4) ア absorbed イ dazzled ウ stormed エ teased オ troubled （　　）
(5) ア among イ around ウ having エ included オ with （　　）

□ **2** 次の文ア～オから本文の内容と一致するものを2つ選びなさい。　（　　）（　　）

ア Developed in England in 1880, table tennis did not become popular for several decades.

イ American players favor a different grip from that of Asians.

ウ The term "ping-pong" comes from the ancient Chinese word for "bounce."

エ Though an international sport, table tennis is still played by different rules in different countries.

オ Table tennis played a vital role in improving the relationship between the U.S. and China.

□ **3** 本文の主要テーマとして最も適当なものを，次のア～キから1つ選びなさい。　（　　）

ア Chinese table tennis players are excellent.

イ Table tennis is mainly a game to enjoy at home.

ウ Table tennis has evolved into an international sport.

エ Englishmen are too fussy about their ping-pong balls.

オ Table tennis competition will grow stiffer in the future.

カ Asians have become stronger at table tennis in recent years.

キ Richard Bergmann should not have held up the match for half an hour.

□ **4** 文中の下線部①，②を和訳しなさい。

① ---

② ---

□ **5** 最終段落に登場する Richard Bergmann 選手のとった行動を1語の形容詞で表すとすれば，次のア～エのうちどれが最も適当か，1つ選びなさい。　（　　）

ア perfunctory イ sissy ウ frugal エ meticulous

重要語句

□ parlor game　室内ゲーム　　□ the Atlantic　大西洋　　□ basement　地下室
□ every two years　2年ごとに　　□ competition　競争　　□ stiffer　より厳しい ＜ stiff
□ equipment　装備　　□ grip　握りかた　　□ thumb[θʌm]　親指
□ forefinger　人指し指＝index finger　　□ Mainland China　中国本土　　□ hold up　遅らせる

📝 **POINTS**

私たちが日ごろ耳にする駅の案内放送は, 目の見えない人たち, あるいは外国人にはどのように聞こえているのだろうか。はたして駅の案内放送はどうあるべきなのだろうか。

Most of us possess all our senses and (1)take them very much for granted. Under ordinary circumstances, we rarely think of those less fortunate. It is (2)embarrassing to learn, therefore, that (A)while reductions in the volume of announcements and signals in some of our train stations please some people
5 who are sensitive to noise, others have been made unhappy by the trend. Representatives of the Tokyo Association of the Blind last week met with officials of the Tokyo Metropolitan Police and railway groups to complain that quieter stations create greater dangers for the sightless.

There long have been two schools of thought about the announcements and
10 the bells, whistles and buzzers so common in this nation's train and subway stations. Travelers from other countries often criticize the frequency, and what they feel is the loudness and high-pitched tone in which announcements are delivered, and even whether some announcements are needed at all, such as (B)those advising passengers every few seconds not to fall onto the tracks
15 through the narrow space between the car door and the platform.

Many Japanese, however, have usually thought of the sounds as a necessary service. The virtually silent stations abroad generally make travelers from this country uncomfortable. (C)Only recently did some among us begin to complain about the rising noise levels. In response, perhaps too quickly, some busy
20 stations moved to decrease frequency and volume and (3)replace buzzers and whistles with musical phrases.

The provision of audio aids and other help for the blind at automatic ticket machines and station escalators, as suggested by their association, is overdue. In return, we may all benefit from another of their suggestions: that instead of
25 disappearing or diminishing, station announcements simply be given in a less strident tone and less dominating style.

〔甲南女子大〕

□ **1** 次のア〜カの中から, 本文の内容に合うものを3つ選びなさい。(　　　)(　　　)(　　　)

ア Most Japanese travelers abroad are uncomfortable as they cannot understand announcements made in foreign languages.

イ Changes in railway stations should be made carefully, taking into consideration difficulties faced by the handicapped.

ウ As it is impossible to please everybody, we cannot help ignoring the needs of the sightless.

エ Complaints by the blind may lead to better conditions in public places for the rest of us.

オ Generally speaking, the Japanese are so busy that they forget the existence of less fortunate people.

カ Travelers from abroad often feel that the noise in Japanese railway stations could be reduced.

☐ **2** 下線部(1)〜(3)の意味に最も近いものを，それぞれ下のア〜オの中から選びなさい。

(1) take them very much for granted ( )

ア be grateful for them

イ believe that it is impossible to take them away

ウ do not take good care of them

エ take pride in them

オ think that it is natural for most of us to have them

(2) embarrassing ( )

ア essential イ necessary ウ permissible

エ perplexing オ profitable

(3) replace buzzers and whistles with musical phrases ( )

ア change musical phrases for buzzers and whistles

イ put away buzzers, whistles and musical phrases

ウ put buzzers and whistles in place of musical phrases

エ substitute musical phrases for buzzers and whistles

オ supply buzzers and whistles in addition to musical phrases

☐ **3** 下線部(A), (B), (C)を和訳しなさい。

(A) ....

(B) ....

(C) ....

重要語句

☐ sense 感覚, 五感　　☐ less fortunate 恵まれない　　☐ reduction 減少, 削減
☐ signal 信号音　　☐ sensitive 敏感な　　☐ trend 風潮
☐ Representatives of the Tokyo Association of the Blind 東京盲人協会の代表者たち
☐ official 幹部(役人)　　☐ school 流派, 流儀　　☐ frequency 頻繁さ　　☐ virtually 実質的に
☐ phrase 楽句(メロディーの一単位)　　☐ provision 設置　　☐ overdue 実施が遅れている
☐ diminish 減らす　　☐ strident 耳障りな, 甲高い　　☐ dominating 威圧的な

29

POINTS

タイタニック号の沈没事故は映画化もされ，世界的にその悲劇が知られている。多くの犠牲者を出したこの事故において，何が乗客の生死を分けたのだろうか。

A new study suggests that Englishmen aboard the Titanic were less likely to survive than their American counterparts because of their good manners. They may have (1)implored crew members to give lifeboat places to "women and children first" and (2)queued for a place while others made saving their own
5 lives a [a], it is believed.

English people were seven percent less likely to survive the 1912 disaster than others on board, according to the study. By contrast, Americans were 8.5 percent more likely to survive than the [b]. Yet there was practically no difference in the survival rate among the two countries' women, indicating that
10 English gentlemen (3)gallantly sacrificed themselves.

English passengers were only 0.3 percent less likely to survive—and Americans only 0.4 percent more likely—when men were removed from the [c], Australian researchers found. The study's results showed that among other factors, "cultural [d] matters" in a life-and-death situation. Irish
15 passengers were five percent and Swedish two percent more likely to survive than the average, they found.

The study also examined whether social values such as "women and children first" survive in [e] such as the Titanic disaster, or whether people (4)revert to "every man for himself" and seek to save themselves. The ship
20 struck an iceberg during its [f] voyage of April 14, 1912 and sank shortly after. There were only 1,178 lifeboat spaces to go around the 2,223 people on board. Only 706 survived the disaster, with 1,517 perishing in the icy Atlantic.

The study found that women were 52 percent more likely to survive compared to the average, while children aged 15 and below were 32 percent
25 more likely to live through the experience than people aged 51 or more. Women aged between 15 and 35—prime child-bearing age—were even more likely to survive the [g]. The researchers said the findings supported the theory that people will act on a "[h] instinct" (5)to preserve their species by protecting mothers and young children.

30 They also discovered that the better a passenger's class of accommodation, the more likely they were to survive. "Being in first class as opposed to third

class increases the probability of surviving by around 40 percentage [i]," the authors wrote. Six of the seven children in first class and all of the children in second class were saved, while only a third were saved in third
35 class. Almost every first-class woman survived, compared with 86 percent of those in second class and less than half in third class. The researchers (6)attribute this to passengers with more expensive tickets being given "[j] treatment" and "better access to information about imminent danger, and to persons in authority".

〔慶應義塾大〕

☐ **1** Considering that each word can only be used once, choose the word that can best be used to fill each space [a] — [j].

ア background　イ crises　ウ equation　エ maiden　オ norm
カ points　キ preferential　ク priority　ケ reproductive　コ tragedy

a (　　) b (　　) c (　　) d (　　) e (　　)
f (　　) g (　　) h (　　) i (　　) j (　　)

☐ **2** In the text, there are six underlined expressions (1) — (6). In each case, decide which of the four options is closest in meaning and choose the appropriate number.

(1) to implore　　　　　　　　　　　　　　　　　　　　　(　　)
　ア to inquire　　イ to persist　　ウ to plead　　エ to require
(2) to queue　　　　　　　　　　　　　　　　　　　　　　(　　)
　ア to line in　　イ to line out　　ウ to line up　　エ to line down
(3) gallantly　　　　　　　　　　　　　　　　　　　　　　(　　)
　ア meekly　　イ bravely　　ウ selfishly　　エ extravagantly
(4) to revert　　　　　　　　　　　　　　　　　　　　　　(　　)
　ア to reform　　イ to revisit　　ウ to restore　　エ to return
(5) to preserve　　　　　　　　　　　　　　　　　　　　　(　　)
　ア to refrain　　イ to retain　　ウ to restrain　　エ to regain
(6) attribute this　　　　　　　　　　　　　　　　　　　　(　　)
　ア put this down　　イ put this back　　ウ put this up　　エ put this over

重要語句

☐ aboard　乗って　　☐ survive　生き延びる　　☐ counterpart　対の一方　　☐ disaster　災難
☐ by contrast　対照的に　　☐ practically　実質的に　　☐ indicate　示す　　☐ remove　取り除く
☐ factor　要因　　☐ examine　〜を分析する　　☐ seek　探し求める　　☐ perish　死ぬ
☐ prime　第1の　　☐ bear　子を産む　　☐ accommodation　収容設備　　☐ imminent　切迫した

POINTS

俳優の世界では，運と才能が大きくその人の成功を左右する。では，この2つだけで，はたして，名声を維持できるのだろうか。

If you tell someone that you want to make a career as an actor, you can be sure that within two minutes the word 'risky' will come up. And, of course, acting is a very risky career. (1)The supply of actors is far greater than the demand for them.

5 Once you choose to become an actor, many people who you thought were your closest friends will tell you you're crazy, though some may (2)react quite oppositely. No two people will give you the same advice. But it is a very personal choice you are making and only you can take responsibility for yourself and for (3)realizing your ambition.

10 There are no easy ways of getting there —— no written examinations to pass, and no absolute assurance that when you have successfully completed your training you will automatically (4)make your way in the profession. It is all a matter of luck plus talent. Yet there is a demand for new faces and new talent, and there is always the prospect of excitement, charm and the occasional 15 rich reward.

I have frequently been asked to explain this magical thing called talent, which everyone is looking out for. I believe it is best described as natural skill plus imagination —— (5)the latter being the most difficult quality to estimate. And it has a lot to do with people's courage and their belief in what they are doing 20 and the way they are expressing it to the audience.

Where does the desire to act come from? It is often very difficult to put into words your own reasons for wanting to act. Certainly, in the theater the significant thing is that moment of contact between the actor on the stage and a particular audience. And making this brief contact is central to all acting, 25 wherever it takes place —— it is what drives all actors to act.

If you ask actors how they have done well in the profession, the response will most likely be a shrug. They will not know. They will know certain things about themselves and aspects of their own technique and the techniques of others. But they will take nothing for granted, because they know that they 30 are only as good as their current job, and that their fame may not continue.

〔近畿大〕

□ **1** 下線部(1)の内容として最も適切なものを，ア～エの中から１つ選びなさい。 （　　　）
　ア　俳優の需要と供給のバランスは，非常に不安定である。
　イ　俳優には，需要が供給を上回る状態こそ望ましい。
　ウ　俳優を志す人はたくさんいるが，その働き口は不足している。
　エ　俳優になっても，安定した暮らしができるとは限らない。

□ **2** 下線部(2)の具体的な意味として最も適切なものを，ア～エの中から１つ選びなさい。（　　　）
　ア　completely agree with you　　　イ　firmly ignore you
　ウ　heartily laugh at you　　　　　エ　strongly oppose you

□ **3** 下線部(3)の意味として最も適切なものを，ア～エの中から１つ選びなさい。 （　　　）
　ア　achieving　　イ　maintaining　　ウ　showing　　エ　understanding

□ **4** 下線部(4)の意味として最も適切なものを，ア～エの中から１つ選びなさい。 （　　　）
　ア　join　　イ　look for a job　　ウ　play a part　　エ　succeed

□ **5** 下線部(5)が指すものとして最も適切なものを，ア～エの中から１つ選びなさい。（　　　）
　ア　imagination　　　　　　　　　イ　natural skill
　ウ　natural skill and imagination　　エ　natural skill or imagination

□ **6** 次の英文に続くものとして最も適切なものを，ア～エの中から１つ選びなさい。（　　　）
According to the fifth paragraph, (　　　　　　　).
　ア　actors always have a good reason why they want to be actors
　イ　it is important for actors on the stage to perform their parts well
　ウ　all actors are driven to act by the desire to make contact with the audience
　エ　many actors dream of playing the leading role before a large audience
　　someday

□ **7** 次の問いの答えとして最も適切なものを，ア～エの中から１つ選びなさい。 （　　　）
What does the last paragraph discuss?
　ア　Successful actors know the key to success, but they don't reveal it to
　　anyone in the profession.
　イ　Successful actors are not sure why they have succeeded in the profession.
　ウ　Successful actors know that nothing is more important in the profession
　　than their own acting ability.
　エ　Successful actors do not know that there is always a rise and a fall in the
　　profession.

重要語句
□ risky career　不安定な職業　　□ quite oppositely　全く逆に　　□ absolute assurance　絶対的な保証
□ look out for ～　～を得ようと追い求める　　□ particular audience　個々の観客
□ shrug　肩をすくめること　　□ take nothing for granted　何ひとつ当然のこととは思わない
□ current job　現在の（今やっている）仕事

語数 455語
目標 3分20秒

解答▶別冊P.28

POINTS

人になついているように見える犬も，突然攻撃的な態度をとったりすることがある。そんなエピソードから筆者が学んだ教訓をつづったエッセイ。

It was early summer after dinner, at dusk, when it was beginning to cool off a little. Mother and Dad wanted to retrieve a bridle they had loaned to a man who ran a stable down by the railroad tracks and had taken me along. It was only a short distance to the stable, where we were met by a man I had never
5 seen before, who immediately opened the stable door, letting out his police dog. The dog, of course, was overjoyed; frisking about, barking and wagging his tail, he greeted everyone and was petted by everyone, including me — he was just like our "lobo," a German shepherd. All four of us entered the stable as the man explained that he should feed his dog. The next scene is all in slow
10 motion. The man is bent over, head down, rooting around in the straw in a manger looking for the bridle. Between him and me are my parents standing together forming the base of a triangle. At the top of the triangle, a good seventeen feet away, is the dog, eating. Like all children I know, I am watching the dog eat. The next thing I know, I am on my back, looking up
15 into those horrible flashing teeth and jaws. (1)The dog had grabbed me by the waist, thrown me down on my back, and was astride my body making the most horrible frightening noises. Looking for my parents to save me, I saw them standing there immobilized, unable to do anything. I could see that they were not going to do anything, which made my situation even more desperate.
20 Just when I had about given up hope, the man raised his head out of the manger, bridle in hand, and whistled. The dog withdrew.

From this I learned three things, only one of which was explained to me. Mother told me that I should not look at strange dogs when they are eating because they might think I was going to take their food. This was my first
25 experience with eye behavior; (2)I have been an observer of it ever since. The other thing I learned was that at a critical moment my parents would not risk themselves in any important way to save me. And if they wouldn't, who would? Third, you must know the proper language in order to survive. If that dog hadn't been well trained and if his owner who knew the proper
30 commands had been absent, I wouldn't be here. I also wondered why my parents would lend anything, to say nothing of an expensive bridle, to a man

who would toss it into a manger where the horses ate their hay and slobbered on it.

(注) bridle 馬勒(ろく)(馬の頭部につける馬具，くつわ，手綱の総称)   manger 飼葉おけ   〔九州大〕

□ **1**   下線部(1)を和訳しなさい。

□ **2**   この事件から筆者が学んだ教訓を 3 つ日本語で書きなさい。

・

・

・

□ **3**   下線部(2)を it の指す内容を明示して日本語で説明しなさい。

□ **4**   次の英文のうち，本文の内容に一致するものを 2 つ選びなさい。   (   )(   )

ア   My parents rescued me just as the dog was about to kill me.

イ   After the dog was out of the stable and had come over to us, I stroked it.

ウ   The man, who was between my parents and me, looked for the bridle.

エ   It was the man who spurred the dog into attacking me.

オ   When the dog was astride me, I looked in vain for my parents to save me.

カ   The man valued the bridle so highly that he placed it into the manger.

重要語句

□dusk 夕暮れ	□retrieve 取り戻す	□loan 貸し付ける	□run 経営する
□frisk 跳ね回る	□bark ほえる	□wag (尻尾などを)振る	□pet なでる
□root (何かをさがして)かき回す	□base 底辺	□horrible 恐ろしい	
□flashing ギラギラ光る	□immobilized 固定された	□desperate 絶望的な	
□withdraw 引き下がる	□critical 危機的な	□proper 適切な	□command 命令
□hay 干し草	□slobber よだれを垂らす		

📝 **POINTS**

男がひとりで赤ちゃんの世話をするのが，いかにたいへんであるかを生き生きとした筆致で描いた「主夫」奮戦記である。この夫婦がどんな結末を迎えたかは，最終文に絶妙な表現で述べられている。

(1)Anne and I are so modern we decided not to get married, but just live together. When our first baby was born, I was working at home on a book. I always answered calls for help, and enjoyed caring for the baby. So, when Anne got a part in a new play — no actress dares refuse a part or she may
5 never get another (a)one — I said I could easily look after the baby myself. So, Anne went out to work and I was left "holding the baby". Emma sleeps from 10 to 12 o'clock in the mornings and from 2.30 — 4.30 in the afternoons, and we put her to bed about 6.30. (b)That gave me plenty of time to write — I thought. But soon I discovered the terrible truth. A baby is a full-time job. When
10 Emma was awake she demanded my full attention, and if she didn't get it she screamed — and screamed. I had to dress her, change her nappy, feed her, play with her, undress her, put her in her cot, get her out of her cot, change her nappy, dress her .... (2)Between 10 and 12, I just collapsed with a cup of coffee — until I remembered those nappies. They had to be washed, and washed
15 again, and so did the dirty dishes. Going to the shops was another problem. I couldn't leave Emma, but I couldn't shop quickly with her. And people gave me strange looks.

　After two weeks I had written two lines, and gave up the idea (c)of finishing my book. I just looked after Emma, tried to do the housework, and spent the
20 odd quiet hour reading the paper or listening to the radio. (3)By the time Anne came home I was tired and cross. I didn't want to hear about her interesting day. I didn't like it when Emma gave her big smiles — she was *my* baby. I hated the loss of time and energy for writing. (4)The best piece of news Anne brought home was that her play had collapsed. I was very pleased but I tried
25 not to show it. We're still too modern to get married, but we've gone back to the traditional roles again.

〔香川大〕

36

□ **1** 「私」と Anne のそれぞれの職業は何か。日本語で書きなさい。

「私」 .... Anne ....

□ **2** 下線部(1), (2), (3)を和訳しなさい。

(1) ....

(2) ....

....

(3) ....

....

□ **3** 下線部(a)の one は，次のどれを受ける語か，1つ選びなさい。　　　　　　（　　）

ア baby　　　　　イ play　　　　　ウ part　　　　　エ book

□ **4** 下線部(b)は具体的にどんなことを言っているのか。50〜60字程度の日本語で答えなさい（句読点も含む）。

....

....

□ **5** 下線部(c)の of の用法は，次のア〜オのどの of の用法に最も近いか，1つ選びなさい。

　　　　　　　　　　　　　　　　　　　　　　　　　　　　　　　　　　　（　　）

ア　The sons of the lawyer's have left for Kyoto.

イ　The old city of Kyoto is famous for its shrines and temples.

ウ　It's very kind of you to show me around the town.

エ　The middle-aged man robbed the old lady of her handbag.

オ　Our high school is within a mile of the station.

□ **6** 下線部(4)のように筆者が感じたのはなぜか。次のア〜エのうち最も適当なものを1つ選びなさい。

ア　Because I didn't love Anne any more.　　　　　　　　　　　　　　　（　　）

イ　Because I began to suspect that Anne was immoral.

ウ　Because I unexpectedly had much difficulty caring for Emma.

エ　Because I thought Anne made me care for Emma against my will.

重要語句

□ care for 〜　〜の世話をする　　　□ dare　あえて〜する　　　□ terrible　恐ろしい
□ scream　きゃあきゃあ泣く　　　□ nappy　おしめ　　　□ cot　小児用ベッド
□ collapse　（人が）崩れるように倒れる，へたりこむ／（計画や事業が）失敗する　　　□ odd　中途半端な
□ traditional　伝統的な　　　□ role　役割

Hold That Call!

Health professionals around the world are worried about the sudden increase in the use of mobile phones. Each year, millions of people are buying mobile phones, and recently it is considered unusual not to have one. In Japan, mobile phones are very popular with young people. They find that the phones are more than a means of communication — having a mobile phone shows that they are fashionable and connected.

However, there have been some concerns about the long-term use of mobile phones and the effects they may have on the human body. Some doctors are worried that, in the future, a whole generation of people may suffer health problems from the use of mobile phones. In England, there has been a serious debate about this issue. Mobile phone companies are worried about the negative impression of such talk and say that there is little proof that mobile phones are bad for your health.

On the other hand, why do some medical studies show changes in the brain cells closest to the ear to which a mobile phone is held? Signs of change in the tissues of the brain and head can be detected with modern scanning equipment. In one case, a traveling salesman had to retire at a young age because of serious memory loss. He couldn't remember even simple tasks. He would often forget the name of his own son. This man used to talk on his mobile phone for about six hours a day, every day of his working week, for a couple of years. His family doctor blamed his mobile phone use, but his employer's doctor didn't agree.

What is it that makes mobile phones potentially harmful? The answer is radiation — potentially dangerous energy rays. High-tech machines can detect very small amounts of radiation from mobile phones. The fact is that the mobile phone companies have admitted this, but they say the amount is too small to be worried about.

Some mobile phones give out more radiation than others, and some studies show that the safest ones are those with extendable antennas. The antenna keeps the radiation away from the head.

As the discussion about their safety continues, it appears that it's best to use mobile phones less often. If you are worried about getting cancer or losing your memory, buy a phone with an extendable antenna. Mobile phones can be very useful and convenient, especially in emergencies, but use your home phone
35 if you want to talk for a long time. Use your mobile phone only when you really need it. In the future, mobile phones may have a warning label attached that says they are bad for your health. So for now, it's best to use your mobile phone wisely.

〔京都産業大〕

□ **1** 次の(1)～(5)の英文の空欄に，それぞれのア～エの中から本文の内容に最もよく合うものを１つ選び，英文を完成させなさい。

(1) According to the article, health professionals are worried about (   ).
  ア phones increasing in size   イ receiving negative impressions
  ウ disagreements over the use of mobile phones
  エ the long-term effects of the increase in mobile phone use

(2) Studies mentioned in the article say that (   ).
  ア mobile phones are a potential health risk
  イ modern scanning equipment is dangerous
  ウ people in England have had serious problems
  エ young people use their phones for six hours a day

(3) Phone companies (   ).
  ア claim that high-tech machines prevent radiation
  イ admit that phones produce insignificant amounts of radiation
  ウ are worried about how to send the radiation from mobile phones
  エ agree that the relationship between phone radiation and health problems is large

(4) Memory loss may be caused by (   ).
  ア radiation   イ extendable antennas
  ウ mobile phone companies   エ modern scanning equipment

(5) The article suggests that we should use mobile phones (   ).
  ア when we need to talk for a long time
  イ only if we are worried about getting cancer
  ウ in cases when we can't use regular phones
  エ only when they have a warning label attached

重要語句

□ mobile phone　携帯電話〔(米)では cellular phone〕　　□ some concern　相当な懸念
□ serious debate　真剣な論議　　□ on the other hand　もう一方で　　□ brain cell　脳細胞
□ tissue　(細胞)組織　　□ modern scanning equipment　最先端のスキャン装置
□ traveling salesman　外交販売員，セールスマン　　□ potentially harmful　潜在的に有害な
□ radiation　電磁波　　□ extendable antennas　伸縮自在のアンテナ　　□ warning label[léibl]　警告ラベル

最近，私はある猫に恋をした。ある日，元の飼い主が現れて，共同で飼うことになったのだが…。この奇妙なカップルには，どのような運命が待ち受けているのだろうか。

Though I joked for decades about how the English worship the cat, I have recently fallen in love with the cat myself. It all started ((1)) a little black cat visiting me. "I like it here," she declared, and kept turning up. I thought it would be courteous to call her by a name when talking to her but I had no idea what her name was. So I called her Tsi-Tsa, the Hungarian for *pussycat*. I felt embarrassed at not being able to offer her anything to eat, just as one feels the need to offer a cup of coffee or a drink even to casual visitors, so I started buying cat food. I did not know then (A)what I know now: that this is a way of stealing somebody else's cat.

One day (B)I was caught red-handed. In a little supermarket I had a can of cat food in my hand when a nice-looking blond lady came up to me, threw a glance at the object in my hand and asked me somewhat sharply if I was the gentleman who lived in that little red-brick house round the corner. I ((2)) that I was he. "My cat keeps visiting you," she said firmly. "I know," I replied. "I started feeding her not realizing that I was not supposed to do so. (C)Too late now. She expects to be fed." "That's all right," said the kind lady. "We can share her from now on." She added, "This ((3)) a tragedy two years ago. I have a son who just adored that cat. But he is fourteen now and he has reached an age when he is more interested in girls than in cats." "That's perfect timing," I told her, "((4)) I have reached an age when I'm more interested in cats than in girls."

So we shared Tsi-Tsa. That's how I got hold of half a cat, not knowing which half of her belonged to me — Tsi or Tsa. Then difficulties arose in her original home: a new tenant on the ground floor kept locking the door ((5)) her and she could not get in and out. She got fed up with that and moved over to me completely.

By this time I was a great admirer of her coolness to human flattery, her pride, her playfulness (when she wanted to play) and her affectionate nature (when she needed affection). Some people asked me why I kept a cat. (X) It never occurred to me to keep a cat. She has chosen me and moved in. You can keep a dog, but it is the cat who keeps people because cats find ((6)) useful domestic animals.

〔中央大〕

□ **1** 空欄(1)〜(6)に入れるのに最も適切な語または語句を，それぞれア〜エの中から1つ選びなさい。

(1) ア as　　　　イ out of　　　ウ toward　　　エ with　　　（　　）

(2) ア complained　イ condemned　ウ confessed　エ confused　（　　）

(3) ア had been　イ was　　　ウ would be　エ would have been
　　　　　　　　　　　　　　　　　　　　　　　　　　（　　）

(4) ア although　イ because　ウ so that　エ when　（　　）

(5) ア against　　イ for　　　ウ from　　　エ over　（　　）

(6) ア dogs　　　イ humans　　ウ others　　エ themselves　（　　）

□ **2** 下線部(A)の内容を最もよく表していると考えられるものをア〜エの中から1つ選びなさい。

ア その猫がそのころトラブルに巻き込まれていたということ。　　　　　（　　）

イ その猫の飼い主がすぐそばに住んでいること。

ウ 猫にえさをやることは，猫を飼い主から奪うことになること。

エ 猫特有の人間に媚びることのないさまざまな性質についての知識。

□ **3** 下線部(B)が具体的に表すことをア〜エの中から1つ選びなさい。　（　　）

ア キャットフードを買おうとしているところを見られたこと。

イ スーパーで買ったもので両手がいっぱいになっているところを呼び止められたこと。

ウ 猫の飼い主の息子に残酷な仕打ちをしたこと。

エ 猫を盗んだとして警察に逮捕されたこと。

□ **4** 下線部(C)の根拠として最も適切なものをア〜エの中から1つ選びなさい。　（　　）

ア 筆者が猫に食べ物を与えることを飼い主が当てにしているから。

イ 筆者はもうキャットフードを買ってしまったから。

ウ 猫が筆者から食べ物をもらえるものだと思っているから。

エ 猫を飼い主の家に帰すには時刻が遅すぎるから。

□ **5** 空欄（ X ）に入れるのに最も適切な文をア〜エの中から1つ選びなさい。　（　　）

ア But I did not keep a cat.

イ I must say that her nobility fascinated me.

ウ My answer was that I was interested to know why what was unattractive in human beings was so exciting in cats.

エ That's because I couldn't help loving the good-natured animal.

重要語句

□ decade　10年間　　□ worship　崇拝する　　□ declare　宣言する　　□ courteous　礼儀正しい

□ casual visitor　不意に来た客　　□ throw a glance at〜　〜をちらっと見る

□ somewhat sharply　いく分か厳しい口調で　　□ adore 〜　〜が大好きである，〜を敬愛する

□ tenant　借家人　　□ get fed up with 〜　〜にうんざりする　　□ human flattery　人間のおだて

□ playfulness　遊び好き　　□ affectionate nature　愛情深い性格　　□ domestic animal　家畜

41

✎ POINTS

　うまく話せずに悩んでいた少年が詩を作り，そして音読することにより，それを克服し，人生の何たるかを理解していくという話である。人生における「出会い」の神秘さをかいまみせてくれる話でもある。

　Poetry has always been a lifeline for me.　When I was a small boy, I began to (a)stutter.　From the time I was nearly six until I was about fourteen, I chose silence ①over speech.　I retreated into silence because my stuttering made speaking too difficult.　But because I needed some way to express myself, even to myself, and to track the progress of my mind, I became a "closet" poet.　I loved poetry, and began writing it myself.

　In one of those fortunate accidents that can change lives, my high school English teacher in Brethren, Michigan, helped me to use poetry to (b)obtain my ability to speak.　When he discovered that I wrote poems, he asked me to show some.　(1)One seemed to him good enough that he wondered if I might have stolen words from someone else's poem.　To defend myself, I had to read the poem aloud.　Since I never spoke at school, this was a painful experience for me, but my honor was at risk.　I had no choice but to stand up and read my poem to my teacher and classmates.

　To my (c)amazement and theirs, I read it without making a mistake.　That is how my teacher and I discovered that I did not stutter when I read the rhythmic *written* words aloud.　(2)It was no accident that in the comfortable realm of the poetry I had written, expressing my own ideas and feelings, I found that I could speak.　Poetry helped me to discover my own voice and to bring back my powers of speech.　At the same time, poetry led me into the hearts and minds of the poets, giving me a more intimate understanding ②of the universal human experience.　This breakthrough gave me a big appetite ③for the (d)sheer joy of communicating.

　When asked for advice on reading and writing poetry, the poet Carl Sandburg responded, "Beware of advice, even this."　I do not try to give other readers of poetry advice about (3)this highly personal experience — only that they take joy in the words.　Whether you "shout them into the teeth of a strong wind" or whisper them, "down the river valley on a late summer afternoon," I hope that you will find your own voice and your own pleasure in the poems you read.

（注）　lifeline　命綱（いのちづな）　　breakthrough　突破（口）　　Carl Sandburg　アメリカの詩人（1878 — 1967）

〔白百合女子大〕

□ **1** 下線部(1), (2)を和訳しなさい。

(1) ....

(2) ....

□ **2** 下線部(a)～(d)の意味に最も近いものを，それぞれア～エの中から1つ選びなさい。

(a) ア style　　　イ stump　　　ウ stammer　　　エ struggle　　（　　）

(b) ア obliterate　イ gain　　　ウ observe　　　エ obtrude　　（　　）

(c) ア constitution　イ constellation　ウ consternation　エ construction

（　　）

(d) ア genial　　　イ gentle　　　ウ genuine　　　エ general　　（　　）

□ **3** 下線部①～③の用法に最も近い用法をそれぞれア～エの中から1つ選びなさい。

① ア The sad news of the actor's death spread all over the country.

イ My daughter went to sleep over her book.

ウ Youth means the predominance of courage over timidity.

エ He weighs 200 pounds and something over.　　　　　　（　　）

② ア The top of the mountain has been covered with snow for a fortnight.

イ He is an oyster of a man and never speaks unless spoken to.

ウ My family is made up of 4; two kids, my wife and I.

エ The explanation of the cause was very difficult.　　　　（　　）

③ ア There was no argument for or against her proposal.

イ It will be difficult for you to read the book in a day.

ウ My grandma has no ear for music.

エ The scene of the sunset from the summit was too beautiful for words.

（　　）

□ **4** 下線部(3)の内容を，具体的に句読点を含めて75字以内の日本語で書きなさい。

....

....

....

重要語句

□ poetry　詩，詩的情趣　　□ retreat [ritríːt]　退却する，逃げ込む　　□ track　跡をたどる

□ closet [klázət]　隠れた，密かな　　□ fortunate　幸運な　　□ at risk　危機にさらされて

□ rhythmic [ríðmik]　リズミカルな，調子のよい　　□ realm [rélm]　王国，領域

□ intimate　詳しい，緊密な　　□ universal　普遍的な　　□ beware of ～　～に用心せよ

□ highly　かなり，極めて　　□ into the teeth of ～　～に（正面から）立ち向かって　　□ whisper　ささやく

43

POINTS

人間は長い間エネルギーのほとんどを化石燃料に頼ってきたが，このことが原因となる環境問題が頻発している。今後，私たちはどのようなエネルギーを利用すべきなのだろうか。

Growing concern over the world's ever-increasing energy needs and the prospect of decreasing reserves of oil and natural gas have prompted efforts to develop viable (1)alternative energy sources. The volatility and uncertainty of the petroleum fuel supply were dramatically brought to the fore during the energy crisis of the 1970s, caused by the abrupt curtailment of oil shipments from the Middle East to many of the highly industrialized nations of the world. 【 A 】 Gasoline engines and steam-turbine power plants that burn coal or natural gas emit substantial amounts of sulfur dioxide and nitrogen oxides into the atmosphere, where they give rise to highly acidic precipitation. (2)The use of fossil fuels also releases carbon dioxide into the atmosphere, which most environmental scientists have concluded contributes to a greenhouse effect that raises the surface temperature of the Earth.

Many countries have initiated programs to develop alternative energy technologies that would enable them to reduce fossil-fuel (3)consumption and its attendant problems. Since the mid-20th century, the most prominent alternative to fossil fuels has been nuclear energy, making use of the (4)abundant energy locked within the atomic nucleus to produce electric power. 【 B 】 Nuclear power is still an important alternative, but (5)it is a controversial one, owing to the possibility of catastrophic accidents and to the fact that the nuclear-power programs of many countries have been linked to the development of nuclear weapons.

Other technologies that are being actively pursued are those designed to make wider and more efficient use of the energy in sunlight, wind, moving water, and terrestrial heat (i.e., geothermal energy). 【 C 】 The amount of energy in such renewable and virtually pollution-free sources is large in relation to world energy needs, yet at the present time only a small portion of it can be (6)converted to electric power at reasonable cost.

(注) petroleum 石油　fore 前面　curtailment 削減　sulfur dioxide 二酸化硫黄　nitrogen oxide 窒素酸化物　precipitation 降雨　fossil fuel 化石燃料　terrestrial 地上の　geothermal 地熱の

☐ **1**　下線部(1), (3), (4), (6)の意味に最も近いものを，それぞれ次のア〜エから１つ選びなさい。

(1)　ア　complex　　イ　substitute　　ウ　usual　　エ　marginal　　（　　）

(3)　ア　exhaustion　　イ　conservation　　ウ　prohibition　　エ　collection　　（　　）

(4)　ア　indigenous　　イ　sufficient　　ウ　wealthy　　エ　certain　　（　　）

(6)　ア　observed　　イ　inhabited　　ウ　consisted　　エ　transformed　　（　　）

☐ **2**　次の一文を【　A　】〜【　C　】のいずれかに入れる場合，どこに入れるのが最も適当か。記号で答えなさい。　　　　　　　　　　　　　　　　　　　　　　　　　　　（　　）

【It also has been recognized that the heavy reliance on fossil fuels has had an adverse impact on the environment.】

☐ **3**　下線部(2)を和訳しなさい。

....

....

☐ **4**　下線部(5)の理由を日本語で２つ書きなさい。

・..

・..

☐ **5**　本文の内容と一致するものをア〜オから１つ選びなさい。　　　　　（　　）

ア　The 1970s was the decade when the shift to renewable energy was accelerated.

イ　Alternative energy development and the supply of oil to developed countries are expected to empower the economy of the Middle East.

ウ　The price of gasoline has a lot to do with the expansion of nuclear power.

エ　Many countries have been promoting restrictions on the use of fossil fuels and the development of renewable energy.

オ　The cost remains a challenge for renewable energy to become widely used.

重要語句

☐ prospect　見通し　　☐ prompt　促す　　☐ viable　実行可能な

☐ volatility　（価格の）変動性　　☐ abrupt　突然の　　☐ emit　放出する

☐ atmosphere　大気　　☐ acidic　酸性の　　☐ carbon dioxide　二酸化炭素

☐ greenhouse effect　温室効果　　☐ initiate　始める　　☐ attendant　付随する

☐ prominent　目立つ　　☐ nucleus　核　　☐ controversial　議論を引き起こす

☐ catastrophic　壊滅的な　　☐ pursue　追求する　　☐ i.e.　すなわち

☐ renewable　再生可能な　　☐ virtually　事実上　　☐ portion　部分

POINTS

熱帯雨林の激減を主因とする地球温暖化の危機が，今，私たちの住む星「地球」を襲っている。今こそ，人間にとってかけがえのない熱帯雨林の破壊の現状を直視すべき時である。

The rain forests of the world are rapidly vanishing. This has been happening for years, so it is not in the news as much as it was before and therefore most people are not too worried about it. Some people are concerned and are protesting against certain governments and businesses which are destroying the
5 rain forests. According to these protesters, the main reason many people do not seem to be worried about the rain forests is [(1)] they don't realize exactly what the rain forests are and why they are so important to the whole world.

There are two kinds of rain forests: tropical and temperate. Temperate rain forests are generally younger than the tropical rain forests. Most temperate
10 rain forests are located in Russia, Canada, and the USA.

Tropical rain forests, on the other hand, are millions of years old and are located in 85 countries around the world from Latin America, Africa, to Southeast Asia. Half of the world's rain forests are found just in three countries: Indonesia, Congo, and Brazil.

15 The richness of life in these forests is amazing. Even though these tropical rain forests only cover seven percent of the Earth's surface, they provide a living area for at least 50 percent of the world's plant and animal species. Many of these species are not found anywhere [(2)] in the world. Humans also live in the rain forests. Most of these people are native to the area and
20 depend on the forest for their food and housing.

The rain forests are important not only for the animals, plants, and people living there. A great benefit of the rain forests is how the trees in rain forests turn carbon dioxide into clean air. The trees store carbon dioxide in their roots, stems, branches, and leaves. This helps to reduce pollution in the
25 atmosphere and also limits the greenhouse effect, which raises the Earth's temperature. The greenhouse effect could cause the ice caps in the North and South Poles to melt, raising the level of the oceans.

Researchers and scientists are discovering that the rain forests may also help them find cures for many diseases. Rain forest plants have provided treatments
30 for heart disease and illness like rheumatism. Recently, scientists in Cameroon discovered a vine called Aucistrocladus korupensis that may help treat the

AIDS disease. Plants like these often exist in one small area of forest and, if the forests are destroyed, (A). "Imagine losing the potential cure for cancer or AIDS that might have been found in an undiscovered plant from the rain forest," comments a spokesperson for the Tropical Rain Forest Coalition.

The facts about rain forest destruction are scary. Estimates range from 350 to over 1,000 hectares of rain forest being destroyed every hour. Very little of the land that is cleared is being replanted with new trees. Tropical rain forests once covered over 14 percent of the Earth's surface; they now cover less than eight percent, due [(3)] heavy deforestation.

(注) temperate: colder climate   carbon dioxide: CO_2 rheumatism: muscle and joint problems
      deforestation: removal of the forests
                                                                              〔法政大〕

□ **1**　本文の内容に照らして最も適切なものを，ア〜エの中から１つ選びなさい。

(1) 雨林は，（　　　　）

ア　富裕な生活を送っている人たちが住んでいる場所である。

イ　世界中に古くから広がっている。　　　ウ　少数の国に集中している。

エ　気温が変わりやすい。

(2) 雨林に住む人たちは，（　　　　）

ア　食物を他の地域に依存している。　　　イ　焼き畑をしている。

ウ　世界中であまり見つからない。　　　　エ　その土地に土着の人々である。

(3) この文章の中で，（　　　　）ということは述べられていない。

ア　CO_2 は木の中のさまざまな部分に貯め込まれる

イ　CO_2 の排出権が売り買いされるようになった

ウ　温室効果は木によって軽減される　　　エ　温室効果によって地球の温度が上がる

□ **2**　次の単語を並べかえると空欄（　A　）に入る節となる。ただし，１語だけ不要な単語が入っています。この中で(1)不要な単語，(2)完成された節の２番目に入るべき単語，(3)完成された節の８番目に入るべき単語を，次のア〜コの中から選びなさい。

ア　ways　　　イ　fight　　　ウ　disease　　　エ　them　　　オ　die

カ　to　　　　キ　with　　　ク　new　　　　ケ　may　　　　コ　they

(1)不要な語（　　　）　　(2)２番目の語（　　　　　）　　(3)８番目の語（　　　　　）

□ **3**　文中の空欄に入るべき単語をそれぞれ１語ずつ書きなさい。

(1) _____　　(2) _____　　(3) _____

重要語句

□ tropical and temperate　熱帯と温帯　　　□ richness of life　生命の豊かさ　　　□ species　種（しゅ）
□ reduce　減らす　　□ in the atmosphere　大気中の　　□ the greenhouse effect　温室効果
□ heart disease　心臓病　　□ vine　つる植物　　□ undiscovered plant　未だ発見されていない植物
□ Tropical Rain Forest Coalition　熱帯雨林連合　　□ destruction　破壊　　□ replant　（植物を）植え換える

解答▶別冊P.42

POINTS

７つの摩訶不思議な金貨の入ったツボを手に入れたある男のてん末記である。この男には一体どんな運命が待ち受けているのだろうか。そしてこのぐう話は結局何を訴えようとしているのだろうか。

One day, when passing by a solitary casuarina tree, the king's barber heard a voice （ (1) ）: "Would you care to accept seven jars of gold？"

At this he stopped immediately and looked round, but saw no one about him. It was the tree〔 Ⓐ 〕had spoken; it repeated the offer of seven gold jars.
5 As the barber's greed was roused, he replied, "When merciful providence takes pity on a poor man like me, who am I to refuse its gift？ Where are the jars？"

"Go home," came at once the reply. "Go home and you will find them there."

The barber hurried home and was greatly pleased to find the promised vessels already there. He opened their lids and found them all filled to the brim
10 with shining gold coins—except the last one, which was half empty. This too, he thought, should be as full as the others. So he sold some of his belongings and converted the amount he got into gold coins, which he then threw into this jar. Still the vessel remained partially empty, and this distressed him.

From then onwards he was possessed with a single passion:〔 Ⓑ 〕to make
15 money enough to fill his seventh jar to the brim with shining gold. He began to economize on his food and clothes and everything; he denied himself and his family every pleasure in order to save. And his savings were thrown into the jar. Yet the greedy jar refused to be filled up completely—it remained, as before, partly empty.

20 The barber then begged the king to raise his pay. "As," he pleaded, "〔 Ⓧ 〕." His prayer was granted. But this increase did not make him happy. For in spite of his throwing his entire pay and all other earnings into the jar, it still remained partially empty. He now started to beg and changed〔 Ⓒ 〕he got into gold coins for his vessel.

25 One day the king, （ (2) ）his barber in a sad state, said, "What has happened to you？ When you were receiving only half of what you earn today you were happy and contented. Now in spite of your increased income you go about in rags. Have you, by any chance, become the owner of haunted gold jars？"

At this the barber fell on his knees, and clasping his hands, prayed that the
30 king not listen to evil tongues that might have informed his majesty about the matter.

"I have listened to no one," said the king. "But from time immemorial 〔 ⒟ 〕 has accepted the offer of the haunted jars has become like you — reduced to complete misery. Go and get rid of your cursed gold vessels."

35 ((3)) to his senses by this advice, the barber ran at once to the haunted casuarina tree and cried, "Take back your jars of gold. I have had enough of them."

When he returned home he found the seven jars had vanished by themselves, taking with them all his painfully ((4)) savings. Nevertheless he felt greatly
40 relieved, and thereafter lived happily as before.

Have you, by any chance, any haunted jars in your house, or perhaps in your heart?

(注) casuarina 豪州・太平洋諸島原産の低木   〔明治大〕

□ **1** 空欄Ⓐ～Ⓓの中に入れるのに適当なものを次のア～エから選びなさい。

Ⓐ(　　) 　　Ⓑ(　　) 　　Ⓒ(　　) 　　Ⓓ(　　)

ア whoever 　　イ how 　　ウ that 　　エ whatever

□ **2** 空欄(1)～(4)の中に入れるべき動詞を次から1つずつ選び，必要があれば適当に変化させて，正しい形で書きなさい。

〔bring 　　say 　　collect 　　notice〕

(1) ------------------------------- 　　(2) -------------------------------

(3) ------------------------------- 　　(4) -------------------------------

□ **3** [Ⓧ]の中に次の日本文と同じ意味の英文を入れたい。〔　　〕内の語群を適当な前置詞一語を補って並べかえ，正しい英文を書きなさい。

私は稼ぎが足りなくて，家族に人並みに楽をさせてやれません。

〔decent, enough, my family, to, comfort, I do not, make, keep, money〕

□ **4** この小話は何を言おうとしているか，最も適当なものをア～オの中から1つ選びなさい。

ア 魔法の不可思議 　　イ 蓄財の楽しみ 　　ウ 貧乏の苦しみ 　　(　　)
エ どん欲の戒め 　　オ 真の幸福

重要語句

□ solitary 孤独な，一本だけの 　　□ offer 提供すること 　　□ greed どん欲 　　□ rouse かき立てる
□ merciful 情け深い 　　□ providence 神の摂理，神意 　　□ vessel 容器
□ to the brim 縁までいっぱいに 　　□ distress 苦しめる 　　□ from then onwards それからはずっと
□ economize on ～ ～を節約する，～を倹約する 　　□ deny oneself ～ （欲しいのに）～を我慢する
□ go about 歩き回る 　　□ in rags ぼろを着て 　　□ by any chance ひょっとして，万一
□ haunted〔hɔ́ːntid〕 （幽霊などに）とりつかれた 　　□ majesty 陛下，王様
□ from time immemorial 記録にないほどの昔から，太古から 　　□ cursed 呪われた
□ thereafter それから先は

POINTS

日常のコミュニケーションにおいてボディーランゲージの果たす重要性について論じた文章。第3段落以降は文化圏によってボディーランゲージが違う意味を持ちうることを具体例をあげて述べている。

((1)) By the words that the other person uses, of course! This is true, but it is not the whole truth. According to some experts, comprehension of another person's speech involves more than the actual words. In fact, they say that the actual words contribute only between seven percent and ten percent to our understanding of the message. (A), such things as intonation (pattern of rising and falling voice pitch), rate of speech (slow, fast), and non-word sounds (groans, laughter) also contribute to our comprehension. Tone of voice can indicate pleasure, anger, amusement, irony, and the like. ("I hate you" can mean "I love you" when we say it in a certain tone of voice.) These additional non-word ways of conveying meaning also involve sound, as do spoken words, and they contribute another 20 percent to 23 percent to our comprehension.

((2)) Voiceless sound items, such as gestures, distance between the two speakers, eye movement, smiles, grimaces (making a face), and, in some situations, lip reading, contribute the remaining 70 percent to our comprehension. (B), this explains why it seems more difficult to comprehend a foreign language over the telephone — we are only getting 30 percent of the clues that we need for comprehension.

((3)) However, the language of the body is different in different cultures. (C), when a parent or a teacher in the United States is reproaching a child, the child is supposed to look directly at the parent or teacher. ("You look at me when I am talking to you!" is what many American mothers say.) (F)If the child looks somewhere else, the parent or the teacher thinks that the child is not listening or that the child does not intend to obey. But other cultures expect a child to look down at such a time. A child who looks directly at a parent or a teacher in such a situation is not being respectful or polite.

((4)) This distance depends on the relationship between the two speakers. For example, two North American friends who are having a personal conversation will keep a distance of two to three feet between them. If two speakers who do not know each other very well are having an impersonal conversation (about the weather, the stock market, etc.), they will usually stand about four feet apart. South Americans, (D), usually stand two to three

feet apart for an impersonal conversation and much closer for a personal conversation. North Americans will only stand closer than two feet if they are having a confidential discussion or if there is intimacy between the two
35 speakers, such as in the case of lovers.

((5)) How you wave goodbye, how long you maintain eye contact with another person, hand gestures that express approval or disapproval, and how you hold your head and body when you are listening to someone else are a few examples. (E), the problem is that we do not always realize that these are cultural
40 matters, so we tend to make judgments about other people. People from an "eyes down" culture think that North American children are very rude when they look at the eyes of an adult or a teacher. (G)North Americans think that South Americans are too friendly (that is, they get too close) in impersonal situations. These judgments add difficulty to communication between cultures.　〔神戸女子大〕

□ **1** 本文中の空欄A〜Eに入れるのに適した語句を，下記のア〜クから選びなさい。

A(　　) B(　　) C(　　) D(　　) E(　　)

ア according to　イ consequently　ウ for example　エ in addition
オ incidentally　カ on the other hand　キ therefore　ク unfortunately

□ **2** 本文中の空欄(1)〜(5)に入れるのに適した文を，ア〜オから選びなさい。

(1)(　　)　(2)(　　)　(3)(　　)　(4)(　　)　(5)(　　)

ア Another cultural area is the distance between two people who are having a conversation.

イ But total comprehension of a spoken message involves more than words and sounds.

ウ Such things as eye movements, distance between speakers, and gestures are called *body language*.

エ There are many other cultural examples of *body language*.

オ When we are speaking face-to-face with someone, how do we understand the meaning of the other person's speech?

□ **3** 次の各文の空欄に入れるのに適した語を，下のア〜カからそれぞれ本文中の各語の意味を参考にして選びなさい。ただし，語形変化は省略してあります。

ア comprehend　イ contribute　ウ convey　エ involve　オ realize　カ reproach

(1) Studying another language (　　　) learning grammar and syntax.

(2) I always feel very unhappy when my teacher (　　　) me for poor homework.

(3) Good health is one of the things that (　　　) to our enjoyment of life.

(4) We (　　　) how necessary it was to preserve natural resources.

(5) This picture will (　　　) to you some idea of the beauty of the scenery.

(6) I don't (　　　) her behavior.

☐ **4** 次の文のうち，本文に合致するものを３つ選びなさい。　　　（　　）（　　）（　　）

ア Words, intonation, sounds, and tone of voice contribute 20 percent to 23 percent to our comprehension of a spoken message.

イ We can change the meaning of a statement by changing our tone of voice.

ウ We do not always realize that *body language* is cultural, so we make judgments about other people based on their *body language*.

エ American children are very rude when they look at the eyes of an adult or a teacher.

オ Voiceless sound items are called *body language*.

カ North and South Americans stand two to three feet apart for an impersonal conversation.

キ Every culture expects a child to look down when he or she is being scolded.

☐ **5** 下線部(F), (G)を和訳しなさい。

(F) ....

....

(G) ....

....

☐ **6** (1)～(4)のそれぞれについて，左端の語の下線部と同じ発音を有する１語を右のア～エより選びなさい。

(1) gr<u>oa</u>n ：　ア <u>o</u>ne　　イ <u>o</u>nly　　ウ w<u>o</u>man　エ f<u>o</u>reign　（　　）

(2) s<u>ou</u>th ：　ア c<u>ou</u>ple　イ f<u>ou</u>l　　ウ c<u>ou</u>gh　エ c<u>ou</u>pon　（　　）

(3) ex<u>a</u>mple：　ア <u>a</u>djust　イ <u>a</u>bsent　ウ dec<u>a</u>y　エ g<u>a</u>ble　（　　）

(4) j<u>u</u>dgments：　ア <u>u</u>nclean　イ s<u>u</u>btract　ウ conf<u>u</u>se　エ pl<u>u</u>ral　（　　）

重要語句

☐ comprehension 理解　　☐ contribute 寄与する　　☐ intonation 声の抑揚　　☐ pitch 声の高低
☐ groan[gróun] うめき声　　☐ indicate 指し示す　　☐ and the like および，そのようなもの
☐ convey 伝える，伝達する　　☐ item 項目　　☐ grimace[gríməs, grəméis] 顔をしかめること
☐ make a face 顔をしかめる（= pull a face）　　☐ lip reading 読唇術　　☐ reproach 叱る，とがめる
☐ respectful （人に対して）ていねいな，敬意を表している　　☐ impersonal 個人的感情のない
☐ stock 株式　　☐ confidential 内密の　　☐ intimacy 親密さ　　☐ maintain ～を継続する
☐ approval 承認すること　　☐ face to face 面と向かって，差し向かいで

52

At the age of twelve years, the human body is at its most vigorous. (1)It has yet to reach its full size, and (2)its owner his or her full intelligence; but at this age the likelihood of death is least. Earlier, we were infants and young children, and consequently (3)more vulnerable; later, we shall undergo a progressive loss of our vigour and resistance which, though not so visible at first, will finally become so steep that we can live no longer, however well we look after ourselves, and however well society, and our doctors, look after us. This decline in vigour with the passing of time is called ageing. It is one of the most unpleasant discoveries which we all make that we must decline (4)in this way, that if we escape wars, accidents and diseases we shall eventually "die of old age", and that this happens (5)at a rate which differs little from person to person, so that (6)there are heavy odds in favour of our dying between the ages of sixty-five and eighty. Some of us will die sooner, a few will live longer — on into a ninth or tenth decade. But (7)the chances are against it, and there is a virtual limit on how long we can hope to remain alive, however lucky and strong we are.

Normal people tend to forget (8)this process unless and until they are reminded of it. We are so familiar with the fact that man ages, that people have for years assumed that the process of losing vigour with time, of becoming more likely to die the older we get, was something self-evident, like the cooling of a hot kettle or the wearing-out of a pair of shoes. They have also assumed that all animals, and probably other organisms such as trees, or even the universe itself, must in the nature of things "wear out". Most animals we commonly observe (9)do in fact age as we do if given the chance to live long enough; and mechanical systems like a wound watch, or the sun, do in fact (10)run out of energy in the end. But these are not similar to what happens when man ages. A run-out watch is still a watch and can be rewound. An *old* watch, by contrast, becomes so worn and unreliable that it eventually is not worth mending. But a watch could never repair itself — it does not consist of living parts, (11)only of metal, which wears away by friction. We could, at one time, repair ourselves — well enough, at least, to overcome all but the most

instantly fatal illnesses and accidents.　Between twelve and eighty years we gradually lose (12)this power; an illness which at twelve would knock us down, at eighty can knock us out, and into our grave.　If we could stay as vigorous as

35　we are at twelve, it would take about 700 years for half of us to die, and (13)another 700 for the survivors to be reduced by half again.

〔明治大〕

□　**1**　本文の内容と最もよく一致する文を3つ選びなさい。　　　　（　　）（　　）（　　）

ア　As for the process of growing old there is little difference between man, nature and mechanical things.

イ　Even if animals seen in everyday life are fortunate enough to remain alive, most of them get weaker as humans do.

ウ　Every one of us is conscious that we are losing physical strength day by day.

エ　If we wind an old watch every time it stops, it will regain its original accuracy and reliability.

オ　Man has the greatest power to restore his health just before his teens, but this ability decreases with age.

カ　Man, animals and trees have a natural tendency to keep themselves from declining.

キ　Thanks to the progress of modern medicine, many can live to be ninety or a hundred.

ク　We feel our getting old to be as natural as the wearing-out of shoes or the cooling of a hot kettle.

ケ　When we are twelve years old, we reach the height of our mental and physical growth.

□　**2**　下線部(9)の用法に最も近いものを含む文を1つ選びなさい。　　　　（　　）

ア　Does he have coffee with his breakfast?

イ　If we want to preserve our power, this is the way to do it.

ウ　I'm afraid she does little work at home.

エ　Little did he realize how much suffering he had caused.

オ　Oh, so you did stay after all.　I thought you were leaving early.

□　**3**　下線部(1) (3) (4) (5) (6) (7)の意味に最も近いものをそれぞれ1つ選びなさい。

(1)　ア　He or she is much bigger than he or she was

　　　イ　He or she is not so tall as he or she will be

　　　ウ　He or she will be just as tall as he or she is now

　　　エ　He or she will not grow taller than he or she is now　　　　（　　）

(3)　ア　We are more likely to die than before

　　　イ　We are wiser than before

　　　ウ　We were more likely to die than now

　　　エ　We were not wiser than now　　　　　　　　　　　　　　（　　　）

(4)　ア　as the human body is growing　　イ　as time passes

　　　ウ　as unpleasant things are discovered

　　　エ　as we become intelligent　　　　　　　　　　　　　　　（　　　）

(5)　ア　at a changing rate　　　イ　at a different rate

　　　ウ　at a similar rate　　　　エ　at less than an average rate　　（　　　）

(6)　ア　it is highly probable that we will die

　　　イ　it is not probable that we will die

　　　ウ　some of us die in an odd way

　　　エ　we are likely to die because of overwork　　　　　　　　（　　　）

(7)　ア　few people are expected to live to be ninety or a hundred years old

　　　イ　few people are so unlucky as to die at about nine or ten

　　　ウ　it does not matter how much effort we make to live long

　　　エ　it is determined by fate how long we can remain alive　　（　　　）

□　**4**　下線部(2)(11)について，省略されている語句を文中から選び，必要に応じて語形を変えて書きなさい。

(2) _____　　(11) _____

□　**5**　下線部(8)の内容を示す１語を文中から選びなさい。　_____

□　**6**　下線部(10)(12)を次のように書き換えるとき，空欄A，B，Cに入る最も適当な１語を書きなさい。

(10)　run out of energy＝have no （　A　） energy　　(A) _____

(12)　this power＝the ability to （　B　）（　C　）　　(B) _____

　　　　　　　　　　　　　　　　　　　　　　　　　(C) _____

□　**7**　下線部(13)を省略を補って和訳しなさい。

_____

_____

重要語句

□ vigorous　活力にあふれた，じょうぶな　　□ likelihood　可能性　　□ infant　幼児

□ undergo　（苦難や変化などを）経験する　　□ decline　衰え，減退　　□ ageing ＝ aging　老化

□ eventually　最後には，ついには　　□ virtual　事実上の　　□ unless and until ～　～するまでずっと

□ assume　～とみなす　　□ organism　有機物，有機体　　□ in the nature of things　実質的に～に等しい

□ wound〔wáund〕watch　ねじ巻き時計　　□ at one time　かつては　　□ all but ～　～以外はすべて

□ fatal　致命的な　　□ gradually　徐々に　　□ grave　墓

装丁デザイン　ブックデザイン研究所
本文デザイン　未来舎

高校 トレーニングノートβ 英語長文

編著者	高校教育研究会	発 行 所	受験研究社
発行者	岡 本 泰 治		
印刷所	寿 印 刷	© 株式会社 増進堂・受験研究社

〒550-0013 大阪市西区新町 2 丁目19番15号
注文・不良品などについて：(06)6532-1581(代表)／本の内容について：(06)6532-1586(編集)

Training Note β
トレーニングノート β

英語長文

解答・解説

解答・解説

1 書くことを通して　　(pp.4〜5)

☑ 解答
1 エ
2 エ
3 イ
4 全訳下線部(3)参照
5 エ

💡 解法のヒント

1 適切な関係詞を問う問題。直前に in があることに注意。「💡長文を読むためのヒント」を参考にしよう。

2 withdraw には「引き下がる，取りやめる」という意味のほかに「閉じこもる，引きこもる」という意味がある。下線部で述べようとしていることを，以降の文で説明している。まず We're all connected all the time. と端的に述べたあとで，さらに具体的な説明を続けている。

3 下線部の follow は「〜をたどる，〜を理解する」という意味を表している。take shape は「(具体的に)形をなす」の意。同じ内容を別の表現で言い換えている選択肢を探す。

5 ア「筆者が大学生のとき，一緒に週末のパーティーに行く友人がいなかった」→週末にパーティーがあったということは述べられているが，一緒に行く友人がいなかったという記述はない。
イ「生徒たちは勉強に集中するためにインターネットから自分を切り離す(使わないようにする)べきだと筆者は考えている」→インターネットなどを介して「常につながった状態」にあり，熟考する時間がないという記述はあるが，インターネットを使わないようにすべきだという主張は書かれていない。
ウ「筆者がライティングを教えているとき，生徒たちは座ってよく考えることに慣れていないので，しばしば彼を邪魔する」→そのような記述はない。
エ「生徒たちは書く方法を学ぶことを通して自分たちの問題に取り組む方法を学ぶべきだと筆者は信じている」→最後の1文と合う。

👤 解説

*l.*2 she wanted to investigate the ways in which her generation was unlike any other generation before it という文の骨格をつかむ。これは she wanted to investigate how her generation was unlike 〜と書き換えることが

できる。途中にはさまれた the first to grow up with the Internet の部分は，her generation を説明する同格表現。

*l.*4 Concerned that 〜「〜を懸念して」。being が省略された分詞構文。

*l.*5 女生徒の発言 For us, computers are like what cars must have been for you. は「私たちにとってのコンピュータは，あなた方にとって車がそうだったに違いないことと同様だ」が直訳。関係代名詞 what の慣用表現。what he is「現在の彼」をベースにして考える。〈must have＋過去分詞〉は現在から見た過去への推量「〜だったに違いない」と過去のことに対する推量を意味する。

*l.*7 The student had a point.「その生徒は一理あった」 The student は既出情報となるべき The girl が変化したものと考える。have a point は「核心を突いている，一理ある」の意味。
例 You have a point there.「一理あるね」

*l.*8 In a single generation, it had changed utterly.「一世代(約25年)が経過するとそれはすっかり変わった」この it は前の The *world* を指す。つまり，The *world* had changed utterly in a single generation. ということ。*world* としていることから，そもそも「世界」が変わってしまったのだということを強調する意図が読み取れる。

*l.*9 go off to college は「(家を出て)大学に行く」の意。go off to 〜「〜に出かける」

*l.*13 practice は exercise「練習」の類義語であるとともに，custom (habit, manners)「習慣」の類義語でもある。ここでは後者の意味。

*l.*14 someone (that) the younger I never would have imagined「より若い自分が決して想像しなかったであろうだれか」が直訳。manage to 〜「何とか〜する」

*l.*17 students are barely out the door「生徒たちはほとんどドアから出ていない(出かけていない)」が直訳。barely は「わずかに，かろうじて」の意味を表すほかに，hardly と同様に「ほとんど〜ない」という準否定の意味で用いられることがある。
例 It's barely noticeable.「ほとんど目立たないね」

*l.*20 意味のまとまりごとに区切って読みながら内容をつかんでみよう。But when students

write / ─ when they sit down and think hard ─ / they enter a silence, / and in that silence / they can follow each thought / all the way through / until finally a belief takes shape.「しかし生徒たちが書くとき / 彼らが座って熱心に考えるとき / 彼らは静けさに入る / そしてその静けさの中で / 彼らはそれぞれの考えをたどることができる / 最初から最後まで / ついにはひとつの信念が形になるまで」

all the way through は「初めから終わりまで，ずっと」の意。follow each thought all the way through「それぞれの思考をずっとたどる」とは，つまり熟考するということ。

l. 24　I've explained that ～ の that 節が複数あげられている。「それ(書くこと)は学ぶことに欠かせない」「うまく書くにはうまく読まなければならない」「うまく読むには懸命に考えなければならない」ということを「私は説明してきた」と述べている。

l. 28　matter は「重要(重大)である，問題となる」という意味の自動詞。

例　It matters little.「それは大したことではない(ほとんど問題にならない)」

l. 31　help students find ～ で「生徒たちが～を見つけるのを助ける」。ここでは〈help＋O＋原形不定詞〉の形だが，help は目的語の後に to 不定詞を置くこともでき，〈help＋O＋to 不定詞〉にもなる。ways to face that problem は「その問題と向き合う方法」の意。この that problem とは，前の the fundamental problem を指す。つまり what makes a life meaningful?「何が人生を有意義にするのか」という問題を指す。

l. 32　believe in ～「～を信頼する」 they can do good work and believe in the good work they do は「彼らがよい仕事ができ，彼らがするよい仕事を信頼する」が直訳。つまり「彼らが成果をあげることができ，自分たちがあげる成果に信念を持つ」という趣旨。

全訳　数年前私が教えていた初級ライティングのクラスで，ある少女が，インターネットとともに成長した最初の世代である自分の世代がそれ以前のほかの世代とどのように異なるか調べたいと話した。私のような 40 代半ばの人間には彼女の意図がよく理解できないかもしれないことを懸念して，彼女は助けになる比喩を出してくれた。「私たちにとってコンピュータというものは，あなた方(の世代)にとってのおそらくかつての車と似ているのです。」と。クラス中で笑いが噴き出した。

　その学生は一理あった。彼女の世代は確かに異な

っていた。「世界」が異なっていた。一世代でそれはすっかり変わってしまったのだ。

　それほど遠くない昔，私自身が大学へ進学した頃，私は慣れ親しんだ世界をあとにして，身も心もキャンパスで生活した。週末にはパーティーがあったが，(大学生活は)とても禁欲的なものであった。家から離れ，私は自分自身の皮を一枚ずつ脱ぎ捨て，新たな考えや新たな習慣を身につけ，そのような 4 年間の終わりには，私はかつての自分なら決して想像もしなかったであろう人間に何とかなることができた。

　今日の大学に同じような変化をもたらす可能性がないとは言わないが，もはや閉じこもることはできない。我々は常につながっている。授業が終わると，学生たちはほとんどドアから出てくることもなく自宅に電話したり，友人にメールをしたり，ネット検索をしているのである。熟考の時間は失われてしまった。彼らは，そして我々も，集中できずに終わるということがあり得るのだ。

　しかし生徒たちが書くとき──彼らが座ってよく考えるとき──彼らは静寂に入り，その静寂の中で，ついには信念が形になるまでそれぞれの思考をずっとたどっていくことができる。その信念は確信の基礎，つまり彼らが自分たちの人生を生きるために歩む道を示してくれるものを築くことができるのである。

　幾度となく私は生徒たちと書くことの大切さについて話し合ってきた。私は，それは学ぶことに必要不可欠であり，うまく書くにはうまく読まなくてはならず，うまく読むには懸命に考えなくてはならないと説明してきた。懸命に考えることは我々の学び方であり，他者が学んだことに対する我々の貢献の仕方なのである。

　書くことは大学の後の人生にも重大である。そして人生は大変厳しいことがある。たとえ物事がうまくいっているときでさえ，根本的な問題は残されたままだ。何が人生を有意義にするのであろうか。書くことを指導することで実際に私がしていることというのは，(3)学生たちがその問題と真正面から向き合う方法を見つけるのを手助けしているのだと私は信じたい。だから，彼らが世界に出たときには彼らは成果をあげ，さらに自分たちがあげる成果に信念を持つことができるのだと信じたいのだ。

💡 長文を読むためのヒント ❶

《関係代名詞と関係副詞の相違》

　関係代名詞は〈接続詞＋代名詞〉の働き，それに対して関係副詞は〈接続詞＋副詞〉の働きをする語のことである。次の演習で確認してみる。

〔問〕（　）に適当な関係詞を入れよ。

(1) Summer is the season (　　) we like.
(2) Summer is the season (　　) we swim.
〔答〕(1) which〔that〕 (2) when

　なぜこうなるかは，それぞれ2文に分解するとよくわかる。(1)は Summer is the season. And we like <u>it</u>. である。一方，(2)は Summer is the season. And we swim <u>then</u>(＝in it). つまり(2)は Summer is the season <u>in which</u> we swim. とすることができ，in which は when と書き換えることができる。

✍ ワンポイントレッスン

　I've studied English. と I've learned English. 皆さんは，この2つの文の根本的相違をご存知だろうか？ 英英辞典では study＝make mental efforts to obtain knowledge，一方，learn＝become familiar with by studying. つまり，study は勉強の過程に，learn は勉強の成果に重点をおいているのである。

---

2 温室のガラスを守るアイデア (pp.6〜7)

✍ 解 答

1 (1)—イ (2)—ウ (3)—エ
2 全訳下線部(A), (C)参照
3 the temptation to throw a stone or two at one of Mr. Flowers' glasshouses
4 other stones
5 エ，キ
6 1. つねに温室の中か近くにいようとする。　2. 校長先生に少年たちのいたずらについて苦情をいう。　3. 隠れて，石を投げた少年たちを追いかける。　4. 道路の石を拾い集める。
7 温室から数メートル離れた所に，「この立て札に石を投げるな」と書いた大きな立て札を立て，そこに石を投げさせようとしたこと。(60字)

💡 解法のヒント

1 (3) be on guard「見張っている」(←見張りの上にいる) このように on という前置詞はつねに「接点・接触」が根本概念にある。
5 キはまちがえやすいが，第2段落の They managed to resist the temptation when Mr. Flowers was about の部分に矛盾する。この about は「あたりに」(＝nearby)を表す副詞。

7 marvellous idea「名案」を具体的に説明(要約)する問題。本問では60字以内という指示から，後続の3文の訳がわかれば正解できる。

解説

　この物語は平易な英文で起承転結も明瞭である。有名なことわざ Boys will be boys「男の子はやっぱり男の子⇒男の子のわんぱくは仕方がない」を彷彿(ほうふつ)させ，同時にそれを逆手に取ったフラワーズさんの機知に富んだアイデアに感心してしまう英文である。

l.1 There was once a man who 〜「かつて〜である男がいた」物語の書き出しによく用いられる表現。Once upon a time there lived a man who 〜も，よく用いられる表現である。

l.2 He grew flowers of every color under the sun. 「彼は太陽の下のすべての色の花々を育てた」が直訳。この under the sun は，ここでは「(この世の)ありとあらゆる」を意味する。これは一種の強調語句で前の every に呼応しているが，出典は意外にも聖書「伝道の書」であり，There is nothing new under the sun. 「太陽の下には新しいことは何もない」という一節がある。英語の本当の底力をつける際，聖書の基礎的，根底的な知識は大きく貢献するはずである。参考文献に，講談社現代新書の「聖書のことば」(関根文之助著)をあげておく。

l.3 〜, with names as long and difficult as those of the rulers of Ancient Rome「古代ローマの支配者たちの名前と同じくらい長くて難しい名前を持った」 as 〜 as の直後の those は the names を意味する代名詞。また with は基本的に having と読み替えると理解しやすい。これは前の flowers の後置の形容詞句である。flowers という名詞を① of every color under the sun，② with 〜 Rome という2つの形容詞句で説明している(英語は左の語を右の語句が詳しく説明していく言語であるという大原則がわかってきただろうか？ 実はこれを理解することが，英語の力をつけるうえで革命的なことなのである)。5行目 His one ambition 〜の文でも a rose という名詞に2つの後置の形容詞(最初は of で始まる句，次は関係代名詞の that で始まる節)があって a rose を詳しく説明している。

l.9 Boys of around thirteen years old, in particular, were often tempted to throw a stone or two at one of Mr. Flowers' glasshouses. 「特に13歳くらいの少年たちは，しばしば石を1つか2つフラワーズさんの温室

の 1 つめがけて投げてみたいという誘惑にかられた」文の around＝about と考える。また throw a stone or two at 〜は「〜に石を 1 つか 2 つ投げる」とねらいをつけて(この文ではいたずら心)を表すが，at の代わりに to を使うと，単純に投げてやるを意味する。

例 He threw a small stone for the lovely puppy. 「彼はそのかわいい子犬に小さな石を 1 つ投げてやった」

*l.*21 〜 and picked up all the stones... の pick up は「拾い集める」の意であり，pick out「選ぶ」＝ choose と区別すること。

*l.*24 〜 hope of ever winning the battle の ever は否定文(および否定を含意する文)で否定を強調している。この文では「フラワーズさんは，とても少年たちとの戦いに勝てそうもない」と強く思ったことを表現している。

全訳 かつて，自分の 4 つの温室のどれかで余暇のすべてを過ごす男がいた。彼の名前はフラワーズといい，花が人生の主な喜びであった。彼は古代ローマの支配者の名前と同じくらい長くて難しい名前の，(A)この世のありとあらゆる色の花を育てた。彼はこうした花を品評会に出品するために育てた。彼の人生の唯一の大望は，ローズ・オブ・ザ・イヤーで銀杯を勝ち取れるようなまったく新しい色のバラを育てることだった。

フラワーズさんの温室は公道のすぐそばにあった。この道はいつも学校へ行き来する子どもたちや若者たちが利用していた。特に 13 歳くらいの少年たちはたびたび石を 1 つか 2 つフラワーズさんの温室の 1 つにめがけて投げてみたいという気になった。フラワーズさんがそのあたりにいるときはかろうじてその誘惑を抑えることができたが，フラワーズさんがどこにも見当たらないときは，しばしばその誘惑があまりにも強くて，抑えることができなかった。こういうわけで，学校の登下校時には，フラワーズさんは温室の中か近くにいるよう，最善を尽くした。

しかしながら，いつでもこうしたときに見張っているのが都合がいいとか可能だというわけではなかった。フラワーズさんはガラスへの被害を避けるためにさまざまなことをしてみたが，(C)何をしてもうまくいかなかった(成功しなかった)。校長先生に苦情を言うために学校へ行ったこともあるが，これは無駄に終わった。茂みに隠れて，庭の中へ石を投げる少年たちを追いかけたが，少年たちのほうが彼より速く走ることができ，遠くからフラワーズさんのことをあざ笑った。少年たちが投げるものがなくなるように，道沿いに歩いて，見つけられるすべての石を拾い集めることさえしてみたが，少年たちはす

ぐにほかの石を見つけたり，土の塊を代わりに投げてきた。

この戦いに勝つという希望も，ローズ・オブ・ザ・イヤーのバラを育てるという希望もあきらめかけたちょうどそのとき，実にすばらしい考えが浮かんだ。彼は温室から数メートル離れていて，道からはっきりと見える所に，大きな立て札を立てた。板に次のような言葉をかいた。「この立て札に石を投げるな」その後，フラワーズさんはそれ以上困ることはなかった。というのも少年たちは温室よりも，この立て札に向かって石を投げるほうにずっと興味をそそられたからである。

長文を読むためのヒント ❷
《強調語句》
受験英語の世界でも口語独得の強調語句による表現は出題頻度が増している。under the sun(*l.*3)以外には on earth, on one's life, for the life of me などがある。それぞれ例文をあげておこう。
・What on earth is going on?「一体全体何事ですか？」
・I won't go. Not on〔upon〕my life I won't.「私は行かないよ。絶対行くものか」
・I can't remember who he was for the life of me.「私は彼が何者だったかどうしても思い出せない」(←私の命と引き換えても)
この最後の文は否定表現であり，必ず never や not を伴う。

ワンポイントレッスン

ambition「大望，野望」は基本語であるが，原義は〔政治家などが票のために歩き回る(← ambit)こと(← ion)〕である。この ambit の amb の語感は次の 2 語に生かされている。amble「ゆっくり歩く」，ambulance「救急車」(←歩く病院)

③ アプリ学習の効果　　　(pp.8〜9)

☑ **解答**
1. エ
2. ウ
3. クラス2の生徒はあまり真剣に勉強していないと聞いているわ。
4. イ
5. イ

解法のヒント

1 直前のジョーンズ先生の質問に対してスミス先生は In general, yes.「全般的にはそうです」と答えている。ア「予想していたよりも早く結果が準備できたから」 イ「スミス先生はジョーンズ先生が彼女に反対すると思っているから」 ウ「クラス2の生徒たちは真剣に勉強しないから」 エ「すべてのクラスで単語テストの得点が向上したわけではないから」 クラス1とクラス3は点数の改善が見られたが，クラス2は点数の改善が見られなかった。このことを踏まえ，スミス先生は「全般的には」と言った。

2 クラス3のグラフを見ると，点数は上がっているものの，上がり幅が小さいことがわかる。

3 in that class は直前のスミス先生の話を受けていることから，クラス2を指すことがわかる。また，the students in that class don't take their studies so seriously は部分否定。「クラス2の生徒は全く真剣に勉強していない」と全否定で訳さないように注意すること。

4 スミス先生とジョーンズ先生がそれぞれのクラスの調査結果についてどのような意見を述べているかに注目する。同意しているのはクラス1とクラス3の調査結果であり，クラス2の調査結果については2人の意見が分かれている。

5 質問の内容は「スミス先生とジョーンズ先生は次に何をする可能性が高いか」。be likely to do「〜しそうである，〜する可能性が高い」という意味。ジョーンズ先生が最後に何を提案したかに注目する。

解説

　グラフが出てくる会話文読解であるが，グラフの内容は簡潔なもので読みとりやすい。会話独特の表現もあるが，文章の根本を理解できていれば問題なく読み進められるだろう。

l.2 Do you have a moment?「ちょっとお時間よろしいですか」 相手に話しかけたりするときに使う表現。

l.10 the new mobile phone app we designed for learning vocabulary「私たちが考案した語彙学習のための新しい携帯電話アプリ」 the new mobile phone app と we designed for learning vocabulary の間には関係代名詞が省略されている。

l.14 yourself「自分自身で」「·◊·長文を読むためのヒント」を参照。

l.25 What do you make of 〜?「〜についてどう思う？」 相手に意見や感想を聞くときの表現。

l.26 not so 〜「それほど〜ではない（部分否定）」 ◙ワンポイントレッスン を参照。

l.27 It wouldn't surprise me if they just forgot to use the app. 仮定法過去が使われていることから，「（そんなことはあり得ないと思うけれど）アプリを使うのを忘れていたとしても不思議ではない」という意味になる。

l.29 I'm afraid (that) 〜「申し訳ないけれど〜」 言いにくいことを言うときに使う。通常，that 節には好ましくないことが続く。例 I'm afraid that I can't attend the meeting.「申し訳ございませんが，私は会議に参加できません」

全訳　2人の先生がグラフについて議論している。

Ms. Smith：ちょっといいかしら？ちょうど実験の結果が戻ってきたところなの，きっと興味をもって(見て)くれると思うわ。

Ms. Jones：もう？それはすばらしい知らせだわ。私たちが考案した語彙学習のための新しい携帯電話アプリを使って，生徒たちに改善の兆しは見られた？

Ms. Smith：全般的にはそうね。でも，自分の目で見てみて。

Ms. Jones：わかったわ，ここに3つのクラスがあるけど，y軸は単語テストのスコアを示しているのよね？

Ms. Smith：その通りよ。つまり，クラス1が最もアプリの恩恵を受けているということよね。

Ms. Jones：ええ，すばらしいことだわ。

Ms. Smith：クラス3もそれほどではないけれど，改善が見られたわ。

Ms. Jones：そうね。このアプリを使う前からすでに彼らのスコアはかなり高かったからでしょうね。

Ms. Smith：そうよね。そうは言っても少しでも改善されればいいわよね。

5

Ms. Jones：もちろんだわ。

Ms. Smith：でも，クラス2の結果を見て。これについてはどう思う？

Ms. Jones：あのクラス（クラス2）の生徒はあまり真剣に勉強していないと聞いているわ。アプリを使うのを忘れていたとしても不思議ではないもの。

Ms. Smith：そうかしら。私はそうは思わないわ。担任の先生によると，生徒たちはかなり熱心にアプリを使っているそうよ。アプリが全員に有益ではないことを受け入れるしかないわね。

Ms. Jones：では，念のため，今度はもっと多くのクラスで実験をして確かめてみましょう。

Ms. Smith：そうね。私が準備するわ。

Ms. Jones：よかった，ありがとう。では，また明日。

長文を読むためのヒント ❸

《再帰代名詞「〜 self」》

大学入試で狙われる再帰代名詞にからんだ熟語は次の5つがあり，これらを覚えておけばほぼ完璧であろう。in itself「それ自体は」，of itself「ひとりでに」＝ automatically，for oneself「独力で」，by oneself「単独で」＝ alone，to oneself「独占して」 **例** My sister has the 6 mat-room to herself.「私の妹はその6畳の部屋を独占している」

ワンポイントレッスン

*l.*26 the students in that class don't take their studies so seriously「あのクラスの生徒はあまり真剣に勉強していない」という部分否定の文である。部分否定をおさらいしてみよう。こんな場面を想像してみてほしい。あなたがお友達何人かを誕生日パーティーに招待したとしよう。すると，Not all of us can come to your birthday party. という答えが返ってきた。「誰も来てくれないんだ…」なんて落ち込むことはない。なぜなら，この文は「私たちの全員があなたのパーティーに行けるわけではない」という意味だからである。つまり，行ける人もいれば行けない人もいる，という部分否定の文なのである。英語では一般的に全体や強意を表すような all, every, always, very, so などの単語と not などの否定語が一緒に使われると「全体が〜というわけではない，あまり〜でない」という部分否定の意味になる。ちなみに，この英文を全否定にすると None of us can

come to your birthday party. となる。

4 How old are you？ *(pp.10〜11)*

☑ 解答

1 エ	2 イ	3 キ	4 イ
5 イ	6 エ	7 ア	8 エ
9 エ	10 ア		

💡 解法のヒント

1 comes up は「話題にのぼる，取り上げる」の意味。これに最も近いのは bring up「話題を持ち出す」であり，第4段落の最初の文で現に使われており，大きなヒントになっている。

3 整序問題である。整序問題の最大の急所はどこにあるのか？ それは動詞にある。普通すべての英文はS＋Vのセットで始まる。S＋Vが把握できれば，後の整序はかなりしやすくなる。この文でいえば動詞は is しかない。では is に対応する主語を次に探してみる。これは2つあり，to tell と the age である。しかし後ろをみると or even to guess とあるので to tell は最後にくることがわかる。この2つの見極めが，この問題の急所となっている。正解は，the age of foreign people is usually hard for Japanese people to tell

5 7行目の But that is not a very convincing explanation 内の that は前述内容を表すが，この this は後述内容を表す。

6 ア「あなたがお眠りになってもかまいません」 副詞節で mind は自動詞「気になる」である。

イ，ウの if はともに副詞節の if である。

エ「はたして彼が私たちの計画に参加してくれるのだろうか」 if 節は is の主格補語（名詞節）である。これが正解。

8 avoid の直後には動名詞を用いる。詳しくは，💡長文を読むためのヒントを参照のこと。

10 直接話法では「あなたのお父さんは十分な教養がありますか」となるので，正解はアである。

解説

語数は272語と少なめであるが，問題はよく練られており，良問がそろっている。実力練成には格好の長文総合問題である。

*l.*1 〜, and the people seem quite open about discussing it. の discuss は他動詞である。よく「〜について話し合う」は discuss about（×）と訳す生徒がいるが，日本語からの類推ではまちがってしまう。ほかに受験生が誤りやすい他

動詞をあげると，marry，enter，resemble，attend などがある。例文を示してみよう。

例　Yasuo married Keiko 10 years ago.「康雄は恵子と 10 年前に結婚した」
≒ Yasuo has been married to Keiko for 10 years now.

例　May I enter the room?「部屋に入ってもいいですか」
ちなみに enter into 〜 という熟語もあり，これは「〜を始める」という意味である。
cf. Let's enter into the debate.「討論を始めましょう」

例　She resembles me in appearance.「彼女は私と外見が似ている」

例　I attend school from Monday to Friday.「私は月曜から金曜まで学校に行きます」
また attend には他動詞の用法で「(人に)仕える，(病人を)世話する」の意味もある。病院で Who is attending you? と聞かれたら，「あなたの主治医(担当医)はだれですか」という意味。

*l.*3　upon meeting 〜「〜に会うとすぐに」の意。

*l.*12　〜, or more specifically「あるいはもっと正確に(詳しく)言えば」 この or は前言を補足する用法である。

*l.*12　if he or she is younger or older than you are「その人があなたより年下か年上かどうか」 この if 節は is の補語になっている名詞節であり，「もし〜ならば」と訳せば完全に誤訳となる。

*l.*13　the right kind of language to use in a specific situation「ある特定の状況で使用するのに適切な種類の言語」 多少抽象的な表現なので理解しにくいであろうが，例えば，相手が年上であれば当然，敬語を使うのが適切である。
なお英語には，日本語の敬語(ていねい語，尊敬語，謙譲語)にあたる言語体系はない。ちなみに敬語は honorific, honorific words という。

全訳　日本ではしばしば会話に年齢の話題がのぼり，人々がこのことを話し合うのはまったく周知のことのように思える。実際「年齢はおいくつですか」というのは，他国からきた人と初めて出会うや否や日本人が尋ねるまさに最初の質問の１つである。
　外国人の年齢は日本人がいい当てたり，推測するのも普通困難なので，これが日本ではありふれた質問なのだ，という人がいる。しかしそれはあまり説得力のある説明ではない。なぜなら，もしもそれが事実であるならば，それは日本人にだけでなく，あらゆる国の人々に当てはまるべきであるからだ。し

かしながら人々の年齢について話し合うことは，まったく日本に特有のことなのである。
　もっと説得力のある説明は次のとおりかもしれない。日本語で話すときに知っておかなければならないことの１つは，話しかけている，あるいは話題にしている人の年齢，あるいはもっと正確に言えば，その人があなたよりも年下か年上かということである。このことを知らなければ，ある特定の状況で使うのにふさわしい種類の言葉を決定することができないし，あまりにも堅苦しかったり，親密すぎるように聞こえるかもしれない。
　しかしながらヨーロッパやアメリカでは人の年齢は厳密にその人の個人的な事柄であって，それを取り上げるには普通大きな注意が必要となる。もしも年齢のことを話すのを平易に避けられるならばそうするほうが賢明だろうが，本当に知る必要があれば，極めて注意深く話を切り出さなければならない。
　もしも「年齢はおいくつですか」という質問がほかの国からきた人々にどれほど不快なものであるか十分に理解できなければ，「あなたのお父さんは十分な教養がありますか」とだれかに質問されたらどんな気がするか，ちょっと考えてみなさい。

長文を読むためのヒント ❹
《目的語としての動名詞》
　⑧ で述べたように，avoid「〜を避ける」の直後には to 不定詞ではなく動名詞(Gerund)が目的語としてくる。このグループの動詞のうち，頻出するものをあげると，mind「いやがる」，enjoy「楽しむ」，give up「あきらめる」，avoid「避ける」，finish「終える」，admit「認める」，put off「延期する」，stop「やめる」などがある。これらを覚えるコツとしては，各語の頭文字をとって"megafaps"と覚えておけばよいだろう。余談であるが，この手のゴロ合わせは記憶上，最も有効な手段の１つであって，私は今を去ること 20 数年前，高校の古文の教師に教えてもらった「ハスキーなお福」を今も鮮明に記憶している！つまりこれは秋の七草(はぎ，すすき，ききょう，なでしこ，おみなえし，ふじばかま，くず)の頭文字なのである。同じ発想は英語にもあり，たとえばＧＮＰは(国民総生産) Gross National Product の頭文字であり，これを acronym(頭字語)という。

ワンポイントレッスン
　language「言語」の語源は，言語の本質をついている。「langu(←舌)age(の行為)」である。母国語のことは one's mother tongue と言うのもうなずける。やはり，言語は舌，すなわち

音声が基本となる。このテキストの本文もくり返し音読(read aloud)することが大切である。

---

5 気象調査：科学者たちの情報収集 (pp.12〜13)

☑ 解答

1 (1)—ウ　(2)—ア
　　(3)—ウ　(4)—イ
2 全訳下線部(A)参照
3 (1)—ウ　(2)—ア
4 ウ，エ

☆ 解法のヒント

1 単語の意味を判別する。(1) detective「探偵，刑事」，(2) equip (...) with 〜「(…に)〜を備える」，(3) observation「観察，観測」，(4) precipitation「降水(量)」　(4)は直後の文でPrecipitation is rain or snow or any other moisture that falls to the Earth.「Precipitation とは，雨や雪やそのほか地球(地表)に降る水分のことである」と説明されている。

2 captured air「捕えられた空気」とは，直前の文の the air bubbles that have been trapped inside「中に閉じ込められた空気の泡」を指す。give a clue to 〜は「〜への手がかりを与える」。at that time「当時は」

3 (1)ア「地上に設置することができない」→ Weather stations can be set up almost anywhere on land とある。
イ「雨の日には決して利用されない」→ get data on 〜 how much rain falls during a storm. 降水量を測定するのに使われている。
ウ「風速を測る」→ get data on how fast the wind is blowing.
エ「温度計はない」→ equipped with special thermometers.
　(2)「気象台と異なり，気象衛星からは(　　)に関する情報が得られる」weather stations は temperature, how fast the wind is blowing, how much rain falls を観測するとある。weather satellites は cloud systems, sand storms, snow cover, ocean currents を観測するとある。

4 ア「探偵が好きな科学者がいる。なぜなら彼ら(探偵)は世の中の仕組みを理解する手がかりを科学者に与えるからである」→そのような記述はない。
イ「気球は衛星よりも気象状況をもっと地球規

模で観測する」→ For continuous observations on global weather, scientists launch satellites into space. とある。
ウ「氷河の氷は科学者が何千年も前からの気温を知る助けとなる」→第3段落の前半部分の内容と合致する。
エ「木の年輪は科学者に過去における気候に関する情報を与える」→ as to 〜は「〜に関して」の意。第3段落の内容と合致する。
オ「科学者は気候変動を調査する最善の方法をすでに見つけている」→最後に Scientists continue to gather evidence in various ways to learn further how climate changes. とある。

🗣 解説

*l.*1　how the world works とは，「世の中の仕組み」。この work は「(正しく)機能する」という意味。

*l.*2　They investigate to find evidence that will give them better ideas of what is going on.「何が起こっているのか，よりよい考えをもたらす証拠を見つけるために彼らは調査する」が直訳。「よりうまく現状を解釈できる証拠を見つけるために彼らは調査している」という内容。

*l.*5　quite important「非常に重要な」

*l.*6　weather stations equipped with 〜「〜が備え付けられた気象台」の部分は，equipped with 〜が後ろから weather stations を説明している。equip は「〜に備え付ける，〜に備える」という意味の他動詞。

*l.*8　set up は「組み立てる，建てる」の意。ここでは be set up と受動態で使われている。ちなみに set の活用は set — set — set。

*l.*10　Another method of weather observation is 〜「気象観測の別の方法は〜」　最初に述べられた気象台における気象観測を受けて，2つ目の事例を紹介している。

*l.*12　special instruments「特殊な装置」instrument は「楽器」を表すほかに「器具，手段，機関」といった意味を持つ。

*l.*13　The balloons, released to float up 〜「気球は〜に浮上するように放たれて」

*l.*14　For continuous observations on global weather「地球(規模)の気象の継続的な観測のために」

*l.*22　意味のまとまりごとに区切って内容をつかんでみる。The evidence uncovered / is making a historical record / of regional temperatures and greenhouse gas

concentrations / dating back more than a hundred thousand years.「明かされた証拠は／歴史的な記録を作っている／地域の気温と温室効果ガス濃度の／十万年以上さかのぼって」date back は「さかのぼる」の意。a（one）hundred thousand years「十万年」

*l.*31 Scientists continue to gather evidence「科学者たちは証拠を集め続けている」 冒頭で科学者を探偵になぞらえたのを受け，同様の表現で文章を締めくくっている。

全訳 　科学者は探偵に似ている。世の中の仕組みを理解するための手がかりを探している。よりうまく現状を解釈できる証拠を見つけるために彼らは調査している。ここに述べるのは，科学者が過去と現在の両方の気象に関する証拠を集める方法のいくつかである。

　地球の温度を知ることは，気象や気候の研究において非常に重要である。科学者は，地球表面の温度を測る特殊な温度計が備わった気象台を利用する。気象台はほぼいかなる土地でも設置することができる。それらは嵐のあいだ風がどれくらいの速さで吹いているか，どれくらい雨が降るかといったデータを得るための観測地点となる。気象観測の別の方法に風船を用いたものがある。ほとんどすべての人が風船が好きで，それは科学者も例外ではないのである！　気象観測用気球は，気温，気圧，湿度，風速，風向きを計測する特殊な装置を持っている。気球は空高く浮上するように放たれて，地上にいる人々に情報を送り返す。地球（規模）の気象を継続して観測するために，科学者は宇宙に人工衛星を打ち上げる。地球を周回する気象衛星は，雲の分布，砂嵐，積雪，海流を観測する。

　科学者は，気候についてもっと知りたいと考え，氷河の氷や木の年輪を調査する。彼らは氷河から氷を切りとって，何百年，ときには何千年も中に閉じ込められていた空気の泡を採取する。(A)閉じ込められた空気は，その当時地球の気候がどのようであったか知る手がかりとなる。明かされた証拠は，十万年以上もさかのぼる地域の気温や温室効果ガス濃度の歴史的な記録物となる。木の年輪も役に立つ。木は毎年新しい年輪を作るので，年輪を数えることでその木が何歳なのか知ることができる。そのうえ，年輪の大きさは，その木が位置する地域の毎年の降水量に関する情報をもたらす。降水量とは，雨や雪やそのほか地球（地表）に降る水分のことである。

　気象台，気球，人工衛星はすべて気温やそのほか今日の地球の状態について調べるために利用されている。氷河の気泡と木の年輪はともに過去の気候を教えてくれる。科学者は，気候がどのように変化す

るのかさらに解明するために，さまざまな方法で証拠を集め続けている。

🔆 長文を読むためのヒント ❺
《総称としての代名詞"you"》

　第3段落の you can tell how old it is の you に注目してみよう。このように essay や文芸作品において総称の代名詞"you"が使われることが多い。同じ総称の代名詞に one や we などもあるが，you には読者に対して語りかけ，親しみを醸し出す効果があるため，より好まれ，日常会話にもこの用法が用いられる。人に忠告や助言を与えることわざに you が多いのも，このためである。

🎧 ワンポイントレッスン ────────

　data という語は複数形であることをご存じだろうか。data の単数形は datum と表記する（ただし data が単数扱いされることも多く，datum はあまり使われない）。このように単数形・複数形が不規則に変化する語は入試でもよく狙われるのでおさえておくとよいだろう。おもな例を挙げておく。

・antenna（単）「アンテナ，触角」
　→（複）antennas, antennae
・aquarium（単）「水族館，水槽」
　→（複）aquariums, aquaria
・bacterium（単）「細菌」
　→（複）bacteria
・crisis（単）「危機」
　→（複）crises
・hypothesis（単）「仮説」
　→（複）hypotheses
・louse（単）「しらみ」
　→（複）lice
・medium（単）「中間，媒体」
　→（複）mediums, media
・phenomenon（単）「現象，驚異（的なもの）」
　→（複）phenomena, phenomenons
・quiz（単）「クイズ，質問」
　→（複）quizzes
・stimulus（単）「刺激，激励」
　→（複）stimuli

6 ことわざのおもしろさ (pp.14〜15)

☑ 解答

1 (1) When the cat's away, the mice will play.
(2) The early bird catches the worm.
(3) Out of sight, out of mind.
(4) A stitch in time saves nine.
(5) Birds of a feather flock together.
(6) Don't awaken a sleeping lion.
(7) A bird in hand is worth two in the bush.

2 (1)金はものをいう(別解:金は金を産む)
(2)金は諸悪の根源

3 全訳下線部参照

4 (1) various
(2) equation (equality も可)
(3) conclude (4) mouse
(5) remembrance

💡 解法のヒント

1 英語のことわざを訳しても,それに等しい日本語のことわざの表現がないものばかりが問われている。したがって何をいいたいのかを考えて,それぞれのことわざの concept (着想) を理解することが肝要。

🧑‍🏫 解説

英語のことわざについて,①金銭 ②単純性・直接性・基本性 ③動物の3つのテーマに絞って論じた文章である。ことわざはややもすると軽視されがちな文芸ジャンルであるが,なかなかどうしてその口調のよさ,簡潔さともあいまって,英語の実力向上には格好の教材である。また何百年にもわたって語りつがれてきた人間の知恵の集約がことわざであり,これを会話に引用すると,教養の深さをのぞかせるという効用も生じ,まさに「一石二鳥」である。

*l.*3 The wisdom of earlier centuries can also be transmitted in proverbs, popular sayings, customs, and superstitions. この1文は前文の oversimplification を説明。主語の wisdom は前文の culture のバリエーションである。

*l.*6 ── sometimes cynical, sometimes humorous and often contradictory. ここでは contradictory の1語に筆者の重点がおかれている。「contra (←反対に) dictory (←言っている)」の語源が示すように,ことわざの最大の特徴は,このように二律背反する,いわゆる

「打ち返し」現象にある。次に続く部分では,金銭をテーマにその二律背反性を論じている。

*l.*12 Thus, / it is left up to each individual / to draw the most appropriate conclusion. 「そんなわけで / それはそれぞれの個人しだいである / (それとは?) → / 最も適切な結論を引き出すことは /」これが直訳である。Thus の直後には筆者の結論がくることに注意。

*l.*15 A stitch in time saves nine. 「時を得た1針は9針 (の手間) を省く」が直訳。英語では9という数字は「多数」を表している。この課にも A cat has nine lives. 「猫に9つの命あり」というのがある。ちなみに,ことわざの世界はおもしろいもので,このことわざに続けて,〜 and a woman has nine cats' lives. 「〜,そして女は9匹の猫の命を持つ」というものもある。

*l.*16 out of sight, out of mind. 「視界から消えると,心からも消える」→「去る者は日々に疎 (うと) し」このことわざにも「打ち返し」現象があって,Absence makes the heart grow fonder. 「離れていると情がいっそう深まる」ということわざがある。

*l.*19 Curiosity killed the cat. 「好奇心が猫を殺した」この類句として Care killed the cat. 「心配は身の毒」というのがあり,「9つの命を持つほどの猫でも心配すると死ぬ」ということで後者のほうが説得力がある。特徴として,〔k〕の音が the を除く各語に共通している「頭韻」がある。詳しくは「💡長文を読むためのヒント」を参照。

*l.*22 never look a gift horse in the mouth. 「もらった馬の口の中を見るな」これは馬の年齢は歯を見ればわかるという前提条件があるからである。I look at his face. ＝ I look him in the face.

*l.*27 You can't teach an old dog new tricks. 「老犬に新しい芸当は教えられない」の trick(s) は多義語である。この「芸当」以外にも,①計略,策略,②いたずら,③秘訣,④効果などたくさんの意味がある。④の効果は何か期待されている効果という意味で,This should do the trick. は「こうすればきっとうまくいくはずだ」という感じで,日常会話には頻出する表現である。

全訳 過去からの英知はさまざまな源から生まれる。人は文化を偉大な学問的,文学的作品と同等とみなす傾向があるけれども,この見解は単純化しすぎている。昔の数世紀にも及ぶ英知は,ことわざやよく使われる格言,習慣,そして迷信などでも伝えられることがある。

ことわざというものは，人の行動について思いが
けなく，それでいながら意義深く一般化（普遍化）し
たものである。ことわざは観察に基づいているので，
教訓を与えてくれる。—— それはときには皮肉で
あったり，ときにはこっけいであったり，またしば
しば矛盾したものであったりする。例えば，お金に
ついて論じていることわざを多く目にすることがで
きる。「金は諸悪の根源」と主張するものもあれば，
お金の価値はあまり重要ではない，「健康は富に勝
る」あるいは「人生で最高のものは自由である」と
説くものもある。しかしながら，「金はものを言う」
「金は金を産む」といったように，お金の重要性を
強調することわざも同じくらいたくさんある。そう
いうわけで，最も適切な結論を引き出すのはそれぞ
れの個人しだいである。

　ほとんどのことわざは，機械がまだあまり大きな
役割をはたしていなかった農耕文明のころにさかの
ぼる。教訓は単純で，直接的，基本的である。「今
日の一針，明日の十針」「生き生かしめよ」「去る者
は日々に疎し」「必要は発明の母」「隣の芝生は青く
見える」

　ことわざは動物のイメージを用いることもある。
「好奇心が猫を殺した（しかし満足感は彼を戻しまし
た）」「ほえる犬はめったにかまない」「触らぬ神に
たたりなし」　客は長居しないように注意すべきで
ある。なぜなら「魚と客は三日おけばにおう」から
である。贈り物は詮索（せんさく）せずに受け取るべ
きだ。というのは「もらった馬の口の中を見るな」
上役が会社にこなければ，部下は気が楽かもしれな
い，というのは「鬼のいぬ間に洗濯」。

　「泥棒仲間にも仁義あり」，なぜなら「類は友を呼
ぶ」からである。猫は幸運である，なぜなら，「猫
に九生あり」と言われるからだ。人は貪欲であるこ
とは危険なことだということを忘れてはいけない。
なぜなら「明日の百より今日の五十」だからだ。「老
犬に新しい芸当は教えられない」「早起きは三文の
得」。万人を喜ばせることができないのは明らかで
ある。なぜなら，「猫の皮のはぎかたもいろいろ」
だからである。

☼ 長文を読むためのヒント ❻

《英語の「韻」》

　ことわざの表現形式上，大きな特徴である
「韻」には，①単語の語頭がそろう「頭韻」
alliteration と②単語の語尾がそろう「脚韻」
rhyme[ráim]がある。具体的な実例をあげておく。
①頭韻
・Care killed the cat.「心配は身の毒」
・Live and let (others) live.「世の中は持ち

つ持たれつ」
・Money makes the mare (to) go.「お金は
　しぶといめす馬も歩かせる」→「地獄のさた
　も金しだい」
　それぞれ〔k〕〔l〕〔m〕と韻を踏んでいる。
②脚韻
・Man proposes, God disposes.「人間が計画
　し，神は決定を下す」→「計画は人にあり，
　成敗は神にあり」
　proposes と disposes の語尾の〔-pouziz〕の
　部分が韻を踏んでいる。
・A friend in need is a friend indeed.「まさ
　かのときの友が真の友」in need と indeed
　の語尾の〔-i:d〕の部分が脚韻を踏んでおり，
　しかも in need, indeed と頭韻も踏んでいる。
　実に語呂のいいことわざである。

⚙ ワンポイントレッスン

　👤解説 でも言及したように contra- は「反対
の」の意味を表す接頭辞である。この contra-
を含む語を今回はリストアップしてみる。
・contraband「密輸」
・contradict「否定する，矛盾する」
　图 contradiction
・contrary「反対の，逆の」
また counter- にもよく似た意味がある。
・counterattack「反撃，反論」
・counterclockwise「反時計回りに，左回りに」
・countercurrent「逆流」

７ 第一印象が決め手です！（pp.16〜17）

☑ 解 答

　1　ウ
　2　エ
　3　ウ，オ

☼ 解法のヒント

　1　ア「将来的に良い関係を築く際に，第一印象
は重要ではない」　イ「人がお互いの印象を形
作るには，ふつう長い時間を要する」require
「〜を必要とする」　ウ「服装などの要素は，お
互いが初めて会ったときの印象を形作るのに役
立つ」　第1段落第2文と合う。　エ「どのよ
うな言葉を使うかは，第一印象にほとんど影響
しない」
　2　第3段落冒頭の文の people act how others
expect them to act は「人は，他人が予期す

るように行動する」という意味。このことを self-fulfilling prophecy と言う，とある。段落後半の they acted unfriendly when they expected their partners to be unfriendly という部分に着目する。アの contrary to ～は「～に反して」。イ「相手は友好的であるとこちらが予期した場合，相手もこちらが友好的であると予期する」 自分の予期に相手が呼応するとは本文に述べられていない。

3 ア「だれかに初めて会ったときあなたがどのような話し方をするかは，相手があなたに対する第一印象を決定する唯一の要素である」 イ「何度か会ううちに，第一印象は変わることが多い」 in the course of ～「～の過程で，～の間に」，a series of ～「一連の，一続きの」 ウ「だれかとの将来の関係は，その人に対する初期の印象に影響されることが多い」 第2段落第3文の but the early ～と合う。エ「ある人への悪い印象は変えることが難しいが，良い印象は容易に変えることができる」 オ「スナイダーとスワンは，パートナーがどのような人物か知らされたとき，人はその情報に影響を受けるということをつきとめた」 第3段落第4文以降の調査内容とその結果と合う。affect「～に影響を及ぼす」 カ「マイケル・サナフランクは，人は予測に従ってふるまう傾向があるという考えに対して反論した」 キ「お互いに対して抱く予期は，お互いに対してどのようにふるまうかに影響しない」

解説
　第一印象についての調査に関する論説文。比較的分かりやすい表現で明快に述べている。この手の文章は，冷静に述べられている事実を追い，憶測からの決めつけなどをしないように心がけて読むことが重要となる。

*l.*2　To do this の this は冒頭にある「第一印象をほんのわずかな時間で形作ってしまう」ことを指している。in a few seconds は「数秒の間に」が直訳だが，「あっという間に，一瞬のうちに」という意味で使われることが多い。2文目に挙げられているさまざまな要素を人は「ほんのわずかな時間で」判断するという論旨。

*l.*6　primacy effect「優位効果」 次の文で「優位効果とは第一印象を変えるのは大変難しいとする考え」だと述べられている。背景として，人の記憶には初期に示されたものが残りやすいという性質があるためその後の判断にその記憶が影響するという考えがある。つまり，ある人

への第一印象という初期の記憶が，その人に対するその後の印象に影響するということ。*l.*8の After the first meeting 以下の文で具体的に説明されている。なお，伝えたいことをより強く印象付けるためにプレゼンテーションなどで結論から先に述べることがあるのは，この優位効果を利用したもの。第一印象が持つ効果として，次に挙げる self-fulfilling prophecy と併せてつかんでおこう。

*l.*15　self-fulfilling prophecy「自己成就的予言」の説明は段落冒頭にあるが，「自己成就的予言」とは，初めの決めつけがその後の行動に影響し，結果として初めの決めつけどおりのことが現実のものとなるとする考え。以降の文では，相手が「友好的」であると予期した場合は自分も友好的に行動し，「非友好的」であると予期した場合は自分も非友好的に行動したということが述べられている。そうした行動が結果的に相手との関係に反映されると読みとれる。

*l.*18　Sometimes they said positive, or good, things about a partner.「彼らはある時は相手について肯定的なことや良いことを言った」 この they は前の researchers「研究者」を指す。実験のために，研究者が相手の情報を意図的に操作して伝えている状況を思い描くとよい。

*l.*31　この文で，第一印象はその後の予期・ふるまいに影響するので重要であると文章をまとめている。clearly「明らかに」の類義語には decidedly, determinably, evidently, obviously などがある。

全訳　人に初めて会うとき，お互いの第一印象をほんのわずかな時間で形作ってしまう。人はこれをするために，服，体型，その人の話し方，その人が示す表現に注目する。研究によると第一印象は関係を築くうえで大きな影響を及ぼすため，大変重要なのである。
　優位効果が第一印象の重要な役割を担うことを調査は示している。優位効果とは，第一印象を変えるのは大変難しいという考えである。最初に会ってから2人が再びやりとりをしてお互いをもっと知るかもしれないが，彼らが形成した初期の印象はその後のお互いの感情に影響するだろう。例えば，ある人に対して良い第一印象を持っていれば，その後おそらくその人の悪い部分を認識しないだろう。しかし，悪い印象を持っていたら，その後おそらく悪い部分ばかりを認識するだろう。
　第一印象のもう一つの興味深い役割は，人は他人が予期するように行動するということだ。これは自己成就的予言と呼ばれる。スナイダーとスワンによ

る研究がこの考えを裏付けている。彼らの調査では，パートナーと組んでゲームをした。お互いパートナーのことを知らないので，研究者が各プレーヤーにそれぞれの相手について教えた。ある時は相手について肯定的なことや良いことを述べた。またある時は否定的なことや悪いことを述べた。調査の結果は，相手が友好的であると予期した場合はプレーヤーは友好的に行動したが，相手が非友好的であると予期した場合はプレーヤーは非友好的に行動したことを示した。プレーヤーの予期は，お互いに対する行動の仕方に影響したのである。

マイケル・サナフランクによる関連した調査は，人が最初に会ったとき，どのような関係を持つことになるのかすぐに予測を立てるということを示した。サナフランクは，これらの予測が将来の関係に強い影響を及ぼすことをつきとめた。164人の大学1年生を対象とした調査で，生徒は友達になれると予測したときにはクラスでお互い近くに座り，より多く交流を持つことをサナフランクはつきとめた。結果として，彼らは実際に友達となった。言い換えると，彼らは予測を現実のものにしたのである。

明らかに第一印象は関係を形成するうえで非常に重要である。なぜならそれら（第一印象）は人がお互いに対して抱く予期やお互いに対してどのようにふるまうかに影響するからである。

──💡 長文を読むためのヒント ❼

《基本動詞＋動詞と同じ形の名詞》

　第2段落や最終段落のinfluenceは動詞として用いられているが，**1** エでは同じ形で名詞として用いられている。このように動詞と名詞が同じ形の語では，主に口語的な表現では，動詞ではなく名詞として用いる場合が見られる。この用法について，いくつかの例をあげておく。

例　Let's have a try at it again.
　　「もう一度，それを試してみましょう」

例　Rumi, let's go for a swim for a change.
　　「ルミ，気分転換に泳ぎに行かない？」

　　また，「基本動詞＋形容詞＋動詞と同じ形の名詞」の形で，動作を行うときの様子を形容詞を用いてより詳しく表現することができる。

例　I had a sound sleep last night.
　　「昨夜はぐっすり眠れました」

── 📖 ワンポイントレッスン ──

　第4段落でcollege studentsが第一印象に関する調査の対象となっているが，このcollegeという語は，厳密にはuniversity「総合大学」に対する「単科大学」を指す。しかし主に米で

は collegeとuniversityが実際には区別なく用いられているようである。

　ところでuniversity「総合大学」という語を語源から見ると実に興味深い。つまり「（教師と生徒が）1つに（→ uni）回る（→ verse）場所（→ ity）」である。ついでながら今回は，このうちuni（1つの，単独の）の接頭辞を持つ頻出語をまとめておこう。uniform「制服」（←1つの形），union「結合，一致」，unique「唯一の，無比の」，unison「斉唱，斉奏」，unity「単一，統一」

8　牛乳を飲まないとダメ？ *(pp.18〜19)*

📝 **解答**
1　毎日牛乳を飲むこと。
2　(2)エ　(3)イ　(5)ア
3　ウ
4　全訳下線部(4), (6)参照
5　ウ

💡─ **解法のヒント**

1 「そう（＝ so）することで子どもの骨を強くする」　従属節because以下の主部はdoing so「そうすることで」。soの内容は直前の「毎日牛乳を飲むこと」。give them strong bonesはgive＋人＋物の語順になっており，直訳すると「彼ら（＝子どもたち）に強い骨を与える」になる。

2 (2)demonstrate「証明する」　(3)in practice「実際には」　(5)pour away「流して捨てる」

3 直前の文が仮定法過去で書かれており，内容からも実際に実行するには難しいことが明らかにわかるため，Obviously「明らかに」が適当。

4 (4)difference in 〜「〜の違い」，hip「腰」，those who 〜「〜な人々」　(6)be required to do「〜することを要求される」

5 ア「理想的な研究では，全ての人が牛乳を飲む人の2つのグループに割り当てられ，それぞれのグループは10年以上追跡される」　牛乳を飲むのは1つのグループの人々である。　イ「1997年に発表されたハーバード大学の研究で，研究者たちは7万人以上の女性看護師の健康状態に深い感銘を受けた」　impressiveは形容詞で「印象的な」，impressは動詞で「〜に感銘を受ける」　ウ「2014年のその後の2つの研究では，平均以上に牛乳を摂取すると身体の健康に悪影響を与える可能性があることが報告された」　第5段落の内容と一致。　エ「牛乳を飲

むことは骨にはよいので，思った以上に長生きするかもしれない」 文中にそのような記述はない。

解説

　牛乳を飲むことという身近なテーマであり，カルシウムの摂取が骨によいということは誰でも一度は耳にしたことがあるだろう。本文ではそういった常識を覆すような興味深い内容が書かれている。仮定法過去や関係代名詞の非制限用法など重要な構文がいくつかあり，読み応えのある文章であろう。

*l.*4　demonstrating ～ bone density までが主語で，「牛乳の摂取と骨密度の間に明確な関連性があることを証明すること」という意味。その後の it sounds の it は demonstrating ～ bone density までを指す。

*l.*5　The ideal study は2つの大きなグループを比較することで行われる研究方法である。ここでの while は接続詞として使われ，「～だが一方で」の意味。while より前に「数十年にもわたって牛乳をたくさん飲ませるグループ」があり，while の後には「もう一方のグループには代用乳を飲ませる」とある。if を使わない仮定法過去で書かれていることから，「（実際には無謀な方法であるが）理想的な方法」というニュアンスがある。

*l.*9　What we can do instead「私たちが代わりにできること」が主語，is が動詞。to take 以下が補語である。接続詞and が結ぶものは take, ask, then follow である。see whether「～かどうか見る」，less likely to do「～しそうにない，～する可能性は低い」という意味。

*l.*13　This is what happened「これは起こったことです」 what happened は関係代名詞 what「～こと」に自動詞 happen がつながった形。in an article published in 1997 は過去分詞の後置修飾。

*l.*16　between people who drank one glass of milk a week or less and those who drank two or more「1週間にコップ1杯以下の牛乳を飲んだ人と2杯以上飲んだ人の間で」 people who drank one glass of milk a week or less と those who drank two or more が between A and B の枠組みに入っている。

*l.*18　To confuse things further「さらに混乱を招くことになったのは」

*l.*18　in 2014 came the results 倒置が起きている。in 2014 という時を表す前置詞句が前に出たことにより，came(V)と the results(S)の

語順が入れ替わっている。

*l.*19　headlines that ～「～という見出し」 この that は同格の that。

*l.*22　take into account「考慮する」

*l.*24　～, which is no easy task「～は容易な作業ではない」 この which の先行詞は直前の to estimate ～ previous years である。

*l.*27　It probably does have benefits for bone health「骨の健康に役立つだろう」 この does は強調の does(do)で，have を強めている。

全訳　世界の多くの地域では，子どもたちは毎日牛乳を飲むように言われているが，これは骨を丈夫にするためである。確かにこの考え方は理にかなっている。牛乳にはカルシウムが含まれており，カルシウムは骨密度を高めることが知られている。

　しかし，牛乳の摂取と骨密度の間に明確な関連性があることを証明することは想像以上に複雑である。理想的な研究は，2つの大きなグループを作り，一方のグループのメンバー全員には数十年にわたって毎日たっぷりと牛乳を飲ませ，もう一方のグループには代わりに何らかの代用乳を飲ませるというものである。明らかに，これは実際に行うには難しすぎる。

　代わりにできることは，何千人もの人々を対象に，長年にわたってどのくらいの量の牛乳を飲んできたかをたずね，少なくとも10年間追跡調査して，定期的に牛乳を飲んでいる人が後に骨折する可能性が低いかどうかを調べることである。

　これは，1997年にハーバード大学の研究者が発表した論文で起こったことである。印象的な77,000人の女性看護師を10年間追跡調査した。⑷その研究では，1週間にコップ1杯以下の牛乳を飲んだ人と，2杯以上飲んだ人の間で，腕や腰の骨折の数に大きな差は見られなかった。

　さらに混乱を招くことになったのは，2014年にスウェーデンで行われた2つの大規模な研究結果で，1日にコップ3杯以上の牛乳を飲むことは一般の人が飲む量よりも多いが，骨には何の役にも立たず，むしろ害になるかもしれないという見出しが付けられたことであった。

　しかし，牛乳を流して捨てる前に，考慮すべき重要な論点がある。例えば，スウェーデンの研究では，⑹参加した人々は過去数年間の牛乳消費量を推定する必要があったが，これは容易な作業ではない。シリアルや紅茶，料理に入れて食べた量を知るのは難しい。だから，詳しいことがわかるまでは，好きな人は牛乳を飲み続けてもいいというのが現在の証拠の重さである。牛乳には骨の健康に役立つ効果があるだろうが，その効果は期待していたよりも小さい。

《仮定法ってどういうときに使う？》

　仮定法は「〜したら」「〜なら」という意味のときに使うんだよね？と思っている人も多いかもしれない。確かに間違いではないが，以下の2つの英文を見てみよう。

①もし明日雨が降ったらキャンプは中止だよ。

②もし私が魔法使いなら，天気を変えることができるのに。

　この2つの文で，仮定法を使うべきなのはどちらだろう。それは「現実に起こりうるかどうか」という観点で考えることが必要。①は実際にありえることで，皆さんの中にも天気が悪くて楽しみにしていた行事が延期や中止になったことがあるだろう。この場合は仮定法ではなく直説法を使うため，If it rains tomorrow, the camping will be cancelled. となる。条件を表す if 節の中は未来のことでも現在形を使うルールがあるため，rains とするのを忘れないように。

　では②はどうだろう。一般の人が魔法使いになるなんてありえない空想の話である。でももし私が魔法使いなら…という空想の話をしたい。そんなときに仮定法の出番である。現在の事実に反することを表す仮定法過去の基本の形は〔If＋主語＋動詞の過去形，主語＋助動詞の過去形＋動詞の原形〕である。そのため if 節の中は If I were a wizard になる。仮定法過去の if 節の中に be 動詞を使う場合は，主語が何であれ were を使うことが多い。主節は I could change weather となる。

　仮定法を自在に使えるようになると表現の幅が広がる。空想を膨らませていろいろな文章を書いてみよう。

ワンポイントレッスン

　l.15 の significant を「大きな」と訳したが，この語の頭にある sign−に注目。sign[sáin] とは「情報を伝えるいろいろなしるし」のこと，すなわち significant は「しるしとなるほどの」が原義となる。このほかに sign を含む重要語をいくつかあげておく。

・signal「信号，シグナル」
・signature「署名，（いわゆる）サイン」
・signet「印鑑」
・significance「意義，重要性」
・signify「意味する」

9　イギリスの天候　　　(pp.20〜21)

解答

1 エ　　　**2** 全訳下線部(3), (5)参照
3 this uncertainty about the weather
4 (1) peculiarity　　　(2) appearance
　　(3) extremity　　　(4) density
　　(5) occurrence
　　(6) definition（definitude も可）
5 ウ

解法のヒント

2 (3) in no country other than England ＝ only in England, in the course of ＝ during と読み替えられる。

(5) wearing a raincoat, carrying an umbrella は，ともに付帯状況を表す副詞句で on a brilliantly 〜 以下はすべて setting forth を修飾している。

5 アは第1段落の内容に，イは第3段落の内容に，エは最終段落の内容に矛盾している。

解説

　イギリスの天候の不安定さとそれがイギリス人の性格に及ぼす影響について述べた頻出長文。ちなみにこの長文の出典は M. Mackenzie & Westwood: Background to Britain である。

*l.*1　climate と weather の対比表現に注意。前者はある地域の長期的な平均の気候であり，後者は特定の時・所における天気のこと。

*l.*1　This statement, often made by 〜「この言葉はしばしば〜によって使われるが…」〜，often 以下 country までは statement の後置の形容詞句である。また make a statement「述べる，発言する」という名詞構文は和訳をする上で重要である。

*l.*3　It is revealing / because in it / we see the Englishman insisting once again / that what happens in England is not the same as what happens elsewhere;「それは実態をよく示している / なぜならその中に / 私たちはイギリス人がまた主張しているのを見るからである /（何を主張している？）→ / イギリスでおこることはほかの場所でおこることと同じではないということを… /」これが直訳である。what は関係代名詞で ＝ the thing which と考える。2つの it は this statement を指している。

*l.*8　Day may break as a gentle spring morning の may は「可能性」を表す may である。また「日の出，暁」は daybreak という。

*l.*11 with the temperature down by...「気温が…も下がると」 この with は「付帯状況」を表している。つまり同時に進行している2つの状況を1文で表現したいときに使われる。本文でいうなら，conditions may be really wintry and the temperature may be down by ～と書き換えられる。

*l.*14 the most extreme「最も極端なもの」 具体的には，極地（北極・南極）の気候，砂漠の気候などを示唆している。

*l.*15 Some foreigners seem to be under the impression that ～の that は同格の接続詞である。英語において同格を表しうる単語は，これ以外では前置詞の of だけである。したがって当然ここをねらった書き換え問題は頻出する。

例 There is little chance that she will pass. ＝ There is little chance of her passing.「彼女が合格する見込みはまずない」

*l.*16 a dense blanket of fog「霧の厚い毛布」 これは濃霧の比喩。blanket の語源が blank（白いもの）であることからも実にすばらしい比喩である。英文読解の楽しみの1つは，この表現のように行間から情景を瞬時に visualize（はっきり心に浮かぶ）するところにある。

*l.*25 It has been said that ～「～と言われ続けている」 この It は that 以下を指す。また that 以下の文の構造を簡略化すると，

$\underset{S}{\text{one}}$ (of the reasons... world) $\underset{V}{\text{was}}$ $\underset{C}{\text{that}}$

という第2文型になる。そして that の直後の whatever は譲歩を表す語で，no matter what に書き換えられる。

全訳 「ほかの国には気候があり，その一方でイギリスには天候がある。」 この言葉は，イギリス人が自国特有の気象状況を表現するのによく使われ，実態をよく示していると同時に本当のことでもある。この言葉が実態をよく示しているというのは，イギリスでおこることはほかの場所でおこることと同じではない，ということをイギリス人がまた主張しているのをこの言葉の中で見るからである。この言葉が本当だということは，数日以上この国に滞在する外国人ならだれでも確かめられる。

(3)たった1日のうちで四季を経験できる国はイギリス以外にはない，と言われている。穏やかな春の朝として夜が明けるかもしれない。1時間ぐらい後には真っ黒な雲がどこからともなく現れているかもしれないし，雨が激しく降っているかもしれない。正午には，気温が摂氏で約8度かそれ以上下がって，状況は本当に冬のようになるかもしれない。それか

ら，午後遅くには空は晴れあがり，太陽が照り始め，そして暗くなる前の1，2時間は夏のようになるだろう。

イギリスでは最も極端な天候を除いて，ほとんどあらゆる種類の天候を経験することができる（この国は1年のうち10か月間は，霧の厚い毛布で覆われているという印象を受けているように思われる外国人もいるが，そのようなことはない）。問題なのは，いつ別の種類の天候が出現するのか確信できないということである。1日で何種類かの違った天候を経験するだけでなく，夏に冬（のような天気）の期間が続いたり，その逆も可能性がある。

このように天候が不安定なので，イギリス人はその国民性に明確な影響を受けてきた。例えば，そのためにイギリス人は用心深くなる傾向がある。(5)みごとに晴れた朝，レインコートを着，雨傘を持ってイギリス人が出かけるのを見て，外国人は笑うかもしれないが，その日の後になって笑ったことをおそらく後悔するだろう。イギリスの天候はまた，イギリス人を順応しやすくするのにも役立ってきた。イギリス人が，世界中の非常に多くの地域を植民地にした理由の1つは，彼らが外国で出会う天候条件が何であろうとも，自国でそのような天候をすでに経験していたからだ，と言われ続けている。

💡 長文を読むためのヒント ❾
《天気にまつわる表現》
　この長文からもわかるように，イギリス人と天気の間には分離しがたい密接な関係がある。今回は，天気に関する重要語をまとめておく。
・うだるように暑い　be boiling hot
・ぽかぽか暖かい　be nice and warm
・しのぎやすい冬　a mild winter
・ずぶぬれになる　be drenched to the skin
・集中豪雨　a localized torrential downpour
・（イギリス特有の）霧雨　a drizzle
・いやな（うっとうしい）天気　lousy weather
・寒暖計　a thermómeter[θərmámətər]
・風速計　an anemómeter[ænimámitər]
・気圧計　a barómeter[bərámətər]

⏱ ワンポイントレッスン
　テレビの衛星放送などでは温度の表現は，日本のように摂氏（Centigrade）ではなく，華氏（Fahrenheit[fǽrənhait]）で言っている。しかしこの2つの方式の互換式を知っている人はどれだけいるだろうか。そこで華氏から摂氏への変換式を下に示しておく。

$$\text{Centigrade} = \frac{5}{9}(\text{Fahrenheit} - 32)$$

表記は，それぞれ～℃，～℉となる。目安とし

て，0℃＝32°F，20℃＝68°F，40℃＝104°F あたりを覚えておくとよいだろう。

---

10 父の視力 (pp.22〜23)

解答

■1 [a]—コ [b]—ア [c]—イ
[d]—ク [e]—シ
■2 全訳下線部(1)参照
■3 fork
■4 全訳下線部(3)参照
■5 成績が下がったのは女の子に興味を持ったからだといううそ。
■6 lucky

解法のヒント

■1 [a]直前に「友達と過ごさなくなった」とある。gave up baseball altogether「野球を完全にあきらめた」
[b]隠し事をしている「彼」の心理を推察する。turned away his face「彼は顔を背けた」
[c]直後に「誤ってぶつけてそれをテーブルから落とした」とある。reached for his fork「フォークに手を伸ばした」
[d]直後の would be a stroke of good fortune の意味上の主語になるようにする。to find the utensil「その台所器具を見つけること」 [e]状況がのみこめない Mama Alice が何と尋ねたか推測する。What is wrong?「どうしたの？」
■2 the area of impact「ぶつけた箇所」, swelled up a little and throbbed「少し腫れてズキズキした」
■3 utensil「道具，台所器具」
■4 master plan「基本計画」の内容は直後に書かれている。by ignoring the fact that 〜「〜という事実を無視することで」, get worse「(病状が)悪化する」
■5 第2段落の His grades at school suffered, but his teachers believed him when he said his discovery of girls was the cause. の一文がカギ。目が見えなくなって成績が落ちたのを，女の子に興味を持ったからだとうそをついた。
■6 直後に「なぜなら損傷は元どおりにでき，彼の視力は回復するだろうから」とある。文脈に沿うような一語をあてはめる。

解説

　ある怪我がもとで目が見えなくなっていく少年(筆者の父)と周囲の様子を描いたエッセイ。

効果的な表現が多く用いられた文章である。それだけに意味がとりづらい部分があるかもしれないが，豊かな表現を味わいながら，ていねいに読み進めてほしい。

l.2 hitting his head hard against the pavement and filling it with blood「頭を舗道に強く打ちつけ，それを血で満たした」つい舗道に血が流れた光景を思い描いてしまうかもしれないが，この it は his head を指している。頭部が内出血したということ。次の文で if some of this blood had seeped out「もしこの血がいくらか(頭の外へ)流れ出ていたら」と書かれている。この文は仮定法過去完了なので，実際には流れ出ていないとわかる。seep「しみ出る，浸透する，漏れる」はここでは leak「漏れる」と同じ意味。なお，pavement「舗装路，舗道」は，主にイギリスでは「歩道」(＝ sidewalk)，アメリカでは「車道」(＝ roadway)を指していうことがある。

l.4 seek medical attention は「医学的配慮を探す」が直訳だが，ここでは「治療を求める，病院に駆け込む」といった意味になる。medical attention「医学的配慮，治療」

l.5 he took care of it by applying two cubes of ice and eating six peanut butter cookies「彼はサイコロ状の氷を2つあてがい，ピーナツバターのクッキーを6枚食べることでそれを処置した」 12歳の子どもながらの応急処置である。apply はここでは他動詞で「〜をあてる，〜をあてがう」という意味で使われているが，そのほかに同じく他動詞で「〜を適用する，〜を用いる」，自動詞で「適合する，あてはまる，申し込む」といった意味を持つ。

> 例 I applied for a job as a waiter yesterday.「昨日，ウェイターの仕事に応募したんだ」applicant は「応募者，申込者」の意。

l.8 dizzy spell「めまいの連続」

l.10 His mother had died of cancer four years earlier.「彼の母は4年前にガンで亡くなっていた」 had died と過去完了形を用いている。頭を打った時点から4年前にすでに母が亡くなっていたということ。die of 〜は「〜(病気・飢餓など)が原因で死ぬ」の意で，die from 〜は原因がけがや災害などのときに使うが，実際にはこの2つが厳密に使い分けられているということはあまりないようである。

l.11 only had to conceal his condition「ただ彼の状態を隠しさえすればよかった」 had

only to の形の方が多く用いられる。

*l.*12　could barely see「かろうじて見えた」
barely は「かろうじて, ほとんど～ない」を
表す。hardly「ほとんど～ない」と比べると「～
ない」という否定的な意味合いは弱まるようだ。
ここでは「彼」(筆者の父)がほとんど見えない
のに対して, 祖母はかろうじて見えると読み取
ることができる。後に出てくる pay little
attention「ほとんど気を配らない」の little は
「～ない」という否定的な意味が強い。

*l.*16　took to walking「歩く(散歩する)ように
なった」 take to ～ing は「(習慣として)～し
始める」。また, take to ～(人・物)で「～を
好きになる」の意。

　　例　I took to her right away.「彼女がたちま
　　　ち気に入った」

*l.*18　until things fell apart「事が破たんするま
で」 things は「物事や状況」を意味し, fall
apart は「崩れる, 破たんする」。ここでは,
隠し事を隠し通せなくなったということ。

*l.*24　she reminded him that forks couldn't
fly「彼女はフォークは飛べないのだよと言っ
て聞かせた」 remind は「思い出させる, 気づ
かせる」の意。フォークを落としたのに動かな
い「彼」に対して, フォークは自分で飛んでテー
ブルの上に戻れないのだよと諭している。

*l.*26　a stroke of good fortune「思いがけない
幸運」 stroke はここでの「めぐり合わせ」の
意味のほかに「一打, ひとかき」といった1つ
の動作を表す場合にも用いられ, また「(脳卒中,
日射病などの)発作」の意味でもよく使われる。

　　例　She died of a stroke.「彼女は脳卒中で亡
　　　くなった」

*l.*26　since he couldn't even see the floor「彼
は床さえも見えなかったので」 この since は
because と言い換えられ, 理由を表す。

*l.*27　sweeping his fingers against the cool
hardwood は, 指先で床を探る様子。sweep は
ほうきやブラシなどで掃くこと。指をほうきの
ように動かしてフォークを探り当てようとして
いる光景が目に浮かぶようだ。

*l.*28　There was fear in ～'s voice when....
を繰り返すことで, 文章にリズムを与えている。
詩や歌詞を読むようで, 読者を飽きさせない。

*l.*30　eager to have A B「AがBになるよう切
望する」の形。eager の前に being を補って考
えるとよい。

*l.*35　～ called him....を繰り返すことでここで
もリズムを作っている。 put up with ～「～

に耐える」

*l.*38　reversible「元へ戻せる」, restore「～を回
復させる」

全訳　父は12歳のときに視力を失った。シカゴの
アパートの階段を上っていたとき, どういうわけか
彼は後ろに倒れ, 頭を舗道に強く打ちつけ, それ(頭
の中)を血で満たした。もしこの血がいくらか外へ
流れ出て, 彼に治療を求めるよう警告していたらも
っと良かっただろうが, (1)ぶつけたところが少し腫
れてズキズキしただけだったので, 彼はその処置と
してサイコロ状の氷を2つあてがい, ピーナツバタ
ーのクッキーを6枚食べた。彼はその怪我のことを
だれにも話さなかった。彼はその後起こった2週間
の頭痛, ひと月に及ぶめまい, または世界が次第に
恐ろしく暗くなっていることもしゃべらなかった。

　彼の母は4年前にガンで亡くなっていた。アルコー
ル依存症の彼の父はめったにいなかった。そのため
彼は家では, 彼の祖母のママ・アリス(彼女自身
も目が悪いためかろうじて見える程度であった)と
彼の3人の兄と姉(昔は彼らはほとんど彼に気を配
らなかった)に自分の状態を隠しさえすればよかっ
た。彼の学校での成績は下がったが, 女の子に興味
を持ったことが原因だと彼が言うと, 教師たちは彼
の言葉を信じた。彼は徐々に友だちと過ごさなくな
り, 野球は完全にあきらめ, 木の枝の助けを借りて
歩くようになった。このようにして, 彼の視界が弱
まっていることはある朝の朝食時に事が破たんする
まで3か月間気づかれないままとなった。

　ママ・アリスは彼がテーブルにつくとき彼にあい
さつした。彼女が暖炉の側にいることは, 彼女の声
の出どころから彼にはわかった。彼女が近づいてく
る音を聞いて, 彼は顔を背けた。彼女は彼の前に皿
を1枚置き, もう1枚を彼女がいつも座る彼の右に
置いた。彼女は下にある椅子を引いた。彼はフォー
クに手を伸ばしたが, うっかりぶつけてそれをテー
ブルから落としてしまった。しばらくたっても彼が
全く動かなかったので, 彼女はフォークは飛べない
のだよと言って聞かせた。彼は床ですら見えないの
で, その台所器具を見つけることは幸運のなせるわ
ざであると知りながらも, 深呼吸をして左側に手を
下ろした。少しばかり冷たい床材を指で探ったのち,
彼は座り直した。ママ・アリスは恐る恐るどうした
のかと尋ねた。彼は恐る恐る目が見えないのだと打
ち明けた。

　そして彼は, まるで自らの罪の証拠をついに目の
前に突き付けられた殺人者のように, 彼の大変な秘
密の詳細が明かされるよう切望してすべてを打ち明
けた。なぜもっと早く何でも話さなかったのか迫ら
れると, 彼は基本計画を話した。(3)彼は, 悪化して

いるという事実をできる限り無視することで視力を回復させようとしていたのである。

　見えなくなっていくことにだまって耐えたことに関して，ママ・アリスは彼を勇敢だと言った。彼の父はばかだと言った。彼の先生はうそつきだと言った。驚いた彼の友だちや兄姉はかっこいいと言った。医者は幸運だと言った。なぜなら損傷は元どおりにでき，彼の視力は回復するだろうということであったからである。

💡 長文を読むためのヒント ⑩
《表現のバリエーション》

　英語の長文を読む際に特徴的なことはいくつかあるが，今回は「表現のバリエーション」について考えてみる。まとまったある程度の長さを持つ英文は，読者を引き付け，また飽きさせないためにも表現にバリエーションを持たせることが多い。この課の文では，「視力」のことを sight, eyesight, vision などと記している。また，徐々に悪化する視力を weakening vision（第2段落），fading vision（最終段落）と表現している。まず第1段落で，目が見えなくなっていくという特異な状況を the world was growing increasingly, terrifyingly dark「世界が次第に恐ろしく暗くなっていった」と印象的な表現で分かりやすく示すことで，読者をストーリーに引き込んでいる。

🎤 ワンポイントレッスン

　face という語の fac に注目してみよう。英単語の中に fac, fec, fic の語根があれば make の意味を含むことが実に多い。face「顔」は両親が作ったもの。また，factor「要因」は結果を生み出す（作る）もの。それ以外では factory「工場」，fact「事実」，confect「お菓子を作る」，defect「欠点」，perfect「完全な」，effect「結果」…とたくさんの単語がある。

---

11 ウォルト＝ディズニーの奇跡の物語（*pp.24〜25*）

✍ 解答
1 (1)—ウ　(2)—ア　(3)—エ　(4)—イ
(5)—ア
2 (1) urgent　(2) cruelty
(3) miraculous　(4) picturesque（pictorial も可）　(5) destruction

💡 解法のヒント
1 (1)「その若者は本気でよい漫画家になりたかった」第1段落参照。
(2)「ようやく，ある牧師が教会の催しのための絵を描く仕事を与えた」*ll*.6〜7参照。
(3)「ウォルト＝ディズニーがミッキー・マウスを思いついたのは，彼が古いガレージで暮らしているときだった」*ll*.8〜12参照。
(4)「ウォルト＝ディズニーが貧しく若い芸術家だった頃，貧しいからといって編集者たちを責めるようなことは決してなかった」第4段落参照。
(5)「ウォルト＝ディズニーが成功した秘訣は，彼が最後まで自分の夢を信じ続けたからである」*ll*.20〜23参照。
2 (4)の picture の形容詞形は2つあることに注意。picturesque「絵のように美しい」，pictorial「絵画の，絵で表した」

🧑‍🏫 解説
　ファンタジーの世界で最も偉大な巨匠となったウォルト＝ディズニーのサクセス・ストーリーである。どんなに貧しくて，漫画が売れなくても，教会の古いガレージで絵を描き続けたディズニー。たとえどんなに逆境にあっても，自分の夢を信じ続けることの大切さつまり，perseverance「困難に負けない根気強さ」の重要性を，この物語は読者に訴えている。最後の一文には，まさにこの筆者の主旨が端的に述べられている。

l.3　〜 and advised him to forget it.「そして，そのことはあきらめた方がいいと忠告した」この forget は機械的に「忘れる」と訳しがちであるが，この文のように「あきらめる」と訳した方が，ぴったりとする場合も多い。なお，直後の代名詞 it は文法的には，前文の to sell his cartoons を受けていると考えるのが妥当。そして「絵を売ること」は，彼の「夢」だったので，次の文ですぐに，筆者は But he couldn't forget his dream と補足している。

l.4　〜 for it had grabbed him and wouldn't

let go「〜と言うのも，それはずっと彼を捕え続けてどうしても放さなかったのである」この had grabbed は「過去における継続」を表す過去完了形，そして wouldn't は「過去における強い拒否」を表している。

*l.*5 How can you forget a powerful motivation?「どのようにしたら，あなたはすさまじいやる気を忘れることができようか」が直訳であるが，これは「いや，そんなことはあり得ない」という意味を表す，修辞疑問文。

*l.*7 a "studio" と another way の間にある(,) comma は同格を表す。

*l.*8 It seems the church had 〜 の It seems は「〜らしい」と言う意味で断定をやわらげる目的で，文頭，文中，文尾のいずれかで用いられる。

*l.*10 And what do you know?「で，それからどうなったと思う？」という意味の，物語や伝記に多用される慣用表現。総称の代名詞 "you" を用い，読者に話しかけているような親しさを出す。

*l.*16 〜 in America と the land where 〜 の間にある comma もやはり同格を表している。

*l.*17 〜 he scarcely had two nickels to rub together「〜彼はこすりあわせる2枚の5セント白銅貨をかろうじて持っていた」が直訳。a nickel は，約5円くらいの値打ちしかないので，これは，彼がとても貧しかったことを表す比喩表現である。英語には be as poor as a church mouse「赤貧洗うがごとし（極めて貧しく，洗い流したように物がない様子）」という有名な慣用句もある。

*l.*21 He just kept on believing in himself and working and dreaming and making miracles happen and becoming,〜．この1文の5つの ing 形には，大きな注意が必要である。最初の ing 形である believing は直前の語 on の目的語になる動名詞(Gerund)であるが，残りの and で結ばれた4つの ing は全て He just kept on believing in himself を具体的に詳しく説明している「付帯状況」を表す現在分詞(present participle)である。and が1文に4つもあるのは，筆者がそう意図したからである。ファンタジーの世界で一歩一歩，着実に地歩を固め，出世の階段を昇りつめていったディズニーの「歩み」を象徴しているようで，音声的にもインパクトのある見事な英文と言えよう。

全訳 その物語は昔のカンザスシティから始まる。どうしても絵を描きたかったある若者が，新聞社か

ら新聞社へと自分の漫画を売り込むために渡り歩いた。しかし，どの編集者も冷たく，そしてひょっとしたらちょっと残酷に，彼には才能がなく，絵を売ろうとするのはあきらめた方がいいと忠告した。だが，彼は自分の夢をあきらめることなどできなかった。なぜならその夢が彼を捕らえ，どうしても放さなかったからである。皆さんだってすさまじいやる気を忘れることなどできないでしょう？

ついに，ある司祭が教会の催しを宣伝するための絵を描くために，ほとんど無給でその若者を雇った。しかし，新米の芸術家にも「スタジオ」という絵を描くだけでなく睡眠もとれる場所を表現するという別の方法を持つ必要があった。その教会にはネズミがたくさんいる古いガレージがあったらしく，彼はそこに泊まってもよいと言われた。そしてその後，どうなったと思われるか？ それらのネズミのうちの1匹が，その若い芸術家と同じく，世界的に有名になったのだ。このネズミは，ミッキー・マウスとして何百万という人々に知られるようになり，そしてこの芸術家とはウォルト=ディズニーであった。

この若者は巨大なスケールでいくつかの奇跡を起こした。というのもこの大昔の奇跡物語は映画になり，そしてそれがカリフォルニアのディズニーランドやフロリダのディズニーワールドへと発展したからだ。そして，こういうすべての不思議な出来事は，さまざまな夢が実現する国，いくつもの奇跡が起こる国，アメリカで起こったのである。

もちろん，彼がひどく貧乏でだれもが彼を無視していた当時に戻ると，ウォルト=ディズニーは，アメリカという国は金持ち連中の方ばかりを向いて，そうした制度は破壊されてしかるべきだとがみがみ文句を言い，「エスタブリッシュメント（支配層体制）」に敵意を抱くことだってできただろう。しかし，この男は，感情的にもならず，激しい抗議をする人にもならなかった。彼はただ自分を信じ続けて，働き，夢を見て，奇跡を起こして，ついには，子ども向けのファンタジーの世界で最も偉大な巨匠となったのである。彼はアメリカの琴線にふれた。祖国の人々は——いやまさに世界中の人々が——彼を愛した。アメリカの奇跡物語は今もなお生き続けている。

💡 **長文を読むためのヒント ⓫**

《映画を利用した英語学習》

ディズニーの映画を見ることの効用は，すばらしいファンタジーの世界を堪能（たんのう）するだけにはとどまらない。実は，映画を（できれば繰り返して）見ることは，すばらしい，ほぼ理想的な語学学習法なのである。特に，口語英語の重要性が叫ばれている現在では，「全身

に英語のシャワーをあびる」といった感じの映画鑑賞は（リスニング力の向上という点では）即効性もある。気分転換も兼ねて，たまには街の映画館の大スクリーンに足を運ぶことを，私は強くすすめる。

何と言っても，言語は音声が礎（いしずえ）である。受験生の皆さんが，その大原則を理解し，映画やテレビの音声多重放送を利用して，口語英語の力をつけることを希望する。

🎯 ワンポイントレッスン

今回は nickel が登場したので，米国での硬貨について，まとめておこう。硬貨の表は heads，裏は tails という。アメリカの硬貨は全部で6種類ある。（1セント，5セント，10セント，25セント，50セント，1ドル）。通称は1セントが penny，5セントが nickel，10セントは dime，25セントが quarter，50セントが half dollar である。また coin には動詞として「（硬貨を）鋳造する」以外に「（新語）を造り出す」という意味もあり，coinage と名詞形にすれば「貨幣制度」の意味である。

---

12 卓球の歴史 　(pp.26〜27)

☑ 解答
1 (1)—エ　(2)—イ　(3)—ア　(4)—イ
　　(5)—ア
2 イ，オ　　**3** ウ
4 全訳下線部①，②参照　　**5** エ

💡 解法のヒント
1 (3)は〔SVO＋to 不定詞〕の構文をとる動詞が入る。compel 人 to 不定詞「人に無理やり〜させる」
　　(4)の選択肢の単語の意味は，ア吸収した，イ感嘆させた，ウ強襲した，エからかった，オ苦しめた
2 ア第1段落2行目と矛盾している。
　　ウ ping-pong の語の由来に関する記述はない。（ちなみに ping-pong の語の由来はピンポンとくり返されるボールの打ち合う音。すなわち擬音語である。）
　　エ本文下線部①に，標準化（統一）されたルールが発展したとある。
3 単なる室内ゲームから国際的スポーツまで発展した卓球。これがメインテーマである。
5 それぞれの形容詞の意味は　アうわべだけの

イめめしい，いくじなしの　ウつつましい，過度に倹約な　エ細部にまで気を配る，非常に注意深い。

👤 解説
*l.*1　or ping-pong — as some people call it「あるいは，それをピンポンと呼ぶ人もいるが」この as は直前の名詞を限定する接続詞の働きをする。また，ping-pong[piŋpɔŋ] は略式で，正式には table tennis を用いる。また Hong Kong も King Kong もそれぞれ [haŋkɑŋ]，[kiŋkɔŋ] と同じ [ŋ] の子音部分を持つ。

*l.*2　on both sides of the Atlantic「大西洋の両側で」が直訳。「欧米で」と訳しても可。

*l.*3　It was the kind of game you played for fun in your basement or playroom with your dad　この文の you や your は総称の代名詞であり，読者に話しかけるような親近感を出す効果がある。

*l.*4　— but hold a match that...?　この hold は注意が必要である。文尾が question mark であるから did you を補って考えるとよい。もう1つ大事なことは，返答に Never! と1語の否定語と感嘆符のみを用いていることから，この疑問文は一種の修辞疑問文と考えられることである。この部分に私と違った見解を与えている著作も目にしたが，but の前に—(dash)がある以上，新しい clause が始まると考えるのが妥当であろう。すなわち，but (did you) hold a match that people would actually come to watch？（No,）(You) never (did hold a match...)！と考える。なお，この never の直後の did は，強調の did である。また，game と match の類語の相違点は 🎯ワンポイントレッスン を参照のこと。

*l.*7　to be followed in 1926 は，結果を表す不定詞で，and were followed in 1926 に書き換えることができる。

*l.*9　and standardized equipment and rules evolved. この standardized は過去形ではなく，過去分詞形であると見抜くことがポイント。

*l.*14　thumb and forefinger「親指と人指し指」指のうち2つが登場した。残りの3つも英語で言えるようにしておこう。（ただし英語では，thumb は通例 fingers からは除外する）。小指「little finger」，薬指「ring finger」，中指「middle finger」。また，thumb を使った次の2つの熟語は入試頻出。be all thumbs「不器用である」
　　例 I am all thumbs when it comes to fine work.「細かい仕事になると，ぼくはまった

く不器用である」 またアンデルセンの名作童話「Thumbelina」（親指姫）も記憶しておくとよい。

*l.*17　While there は While they were で there が本来の形である。

*l.*22　takes the honor as the fussiest.「最も小うるさいものとしての面目（めんぼく）を得る」が直訳。日本語では「面目を施す」が適訳。

*l.*24　The reason?「その理由は」これも4行目と同じく省略の構文である。What was the reason for that?「その理由は何だったのでしょうか」が省略前の英文である。

*l.*25　～ that felt right to him の felt は第2文型（S＋V＋C）の動詞である。またこの that は one つまり a new ball を先行詞とする関係代名詞。feel の第2文型の用法は入試頻出である。次に暗記用の例文を2つあげておこう。

例　The air at dawn feels cool even in summer.「夏でさえ，明け方の空気は涼しく感じられる」

例　It feels best to me to be home with my wife and kids.「ぼくは家で妻子といるとき，最も気分が休まる」

全訳　卓球，あるいはピンポンと呼ぶ人もいるが，それは1880年ごろにイギリスで始まった。卓球は大西洋の両側で急速に人気のある室内ゲームとなったが，だれもスポーツとしてあまり真剣に取りあげなかった。それはお父さんと地下室や遊び部屋で楽しんでする類のゲームだったが，はたして実際に人々が見にくるような試合を行ったことはあったのか。そんなことは断じてない。

その後，1922年に最初の英国オープン卓球選手権大会が開催され，続いて1926年には第1回世界選手権大会が開かれた。これらの大会はそれ以来2年ごとに開催され，今に至っている。

①卓球の人気が広がるにつれて，競争はより厳しくなり，標準化された装備やルールが発展した。ラケットの新しい握りかたが選手間に広まった。たいていのアメリカ人は「シェイクハンズ」グリップ，つまり選手がラケットの両面でボールを打てる握りかたを取り入れている。しかし，近年卓球で優勝したアジア人は「ペンホルダー」グリップを好んでいる。この握りかたでは，ラケットはペンのように親指と人指し指の間にはさまれ，競技中はラケットの表面しか使われない。

アメリカとアジアの試合はいつも熾烈（しれつ）なものとなって，1971年にアメリカの卓球チームが試合をしに日本へきた。日本に滞在中，彼らは中国での試合を求められ中国に行った。これがほぼ20

年ぶりのアメリカと中国本土との最初の公式的な文化交流となった。その後中国チームはアメリカに行き，その鮮やかな腕前でアメリカのスポーツファンを感嘆させた。

中国人は世界で最も卓球が上手な選手の中に入るかもしれないが，英国人も小うるさいことでは面目を施している。1956年の世界卓球選手権大会のとき，リチャード・バーグマンは30分間試合を遅らせた。なぜか？　彼はボールが「柔らかすぎる」と不平を言ったのだ。バーグマンは②自分にちょうどいいと感じるボールを見つけるまでに192個の新しいボールを調べたのだった。

長文を読むためのヒント⑫
《修辞疑問文》
英語には，肯定疑問文で強意の否定を表す表現技法がある。これを修辞疑問文（rhetorical question）という。Who knows? ＝ No one knows. などがその例である。西洋の名詩の中にも，すばらしい例が見いだせる。わずか30歳にして夭折（ようせつ）した，イギリスの叙情詩人 Shelley（1792 ～ 1822）が1819年に発表した Ode to the West Wind「西風のうた」の最後に次の名句がある。

If Winter comes, can Spring be far behind?「冬がくれば，はたして春ははるかかなたにありえようか」→「冬来たりなば春遠からじ」（原典ではこのように Winter も Spring も大文字である）　人生のおりおりのつらいときや悲しいときに，なぜか勇気づけられる珠玉の名句である。

ワンポイントレッスン
game と match はある部分ではこの課のように類語であるが，本質的には大きく趣を異にしている。まず game の本質は1.　遊び，2.　特に勝負を競う遊び，この2点に集約される。

例　1.　Black jack is a card game.「ブラックジャックはトランプ遊びの1つだ」
2.　この課の用法がそうである。game に「獲物」の意味があるのを知っている受験生は意外に多いが，これも「遊びとしての狩猟」が原義である。それに対して match の本質は，1.　匹敵する相手，2.　ふさわしい相手，3.　相手になること，とつねに「相手」が必要になる。例文をあげておく。

例　1.　I'm no match for Rumi in eloquence.「雄弁さにおいては瑠美にはかなわない」
2.　Tetsuaki made a good match.「徹明はよい女房をもらった」

3. The boxing match will be held in Kyobashi.

「そのボクシングの試合は京橋で行われる予定だ」

また match を「試合」の意味で使うとき，game と違い，重要な（公式な）試合を示唆することが多い。

---

⑬ 駅の案内放送はどうあるべきか（pp.28〜29）

📝 **解答**

1 イ，エ，カ

2 (1)—オ　(2)—エ　(3)—エ

3 全訳下線部(A)，(B)，(C)参照

💡 **解法のヒント**

1 ウ「万人を満足させることは不可能だから，目の不自由な人の要求は無視せざるを得ない」このような見解は述べられていない。
オ「一般的にいって，日本人はとても忙しいので…」 日本人の忙しさに関する記述はない。

2 (3)replace A with B「AをBと取り替える」重要熟語である。なお，buzzer は [bʌ́zər] と発音し，buzz[bʌ́z] には「ブザーを鳴らして呼ぶ」という動詞用法もある。

📖 **解説**

　駅の案内放送を，目の不自由な人，つまり the handicapped の立場からの主張も取り入れて考察した文章である。社会福祉の充実という風潮もあり，このテーマの英文はこれからも増加していくと予想される。

*l.*1　all our senses「私たちのすべての感覚」とは，人間の持つ五感，つまり sight, hearing, smell, taste and touch「視覚，聴覚，嗅（きゅう）覚，味覚，触覚」のこと。ちなみに本能的な第六感は英語も the sixth sense という。

*l.*2　those less fortunate は those people who are less fortunate の意味である。この「〜する人々」という意味の those は入試頻出である。例文を2つあげておこう。

例　Those whom the gods love die young.
「神々が愛する人々は早く死ぬ」→「佳人薄命」〈ことわざ〉

例　Those present were all moved to tears.
「居合わせた人々は皆，感涙にむせんだ」

*l.*2　It is embarrassing to learn, therefore, / that while reductions in the volume of announcements and signals / in some of

our train stations / please some people / who are sensitive to noise, / others have been made unhappy by the trend. この長い一文を理解する際のポイントは2つある。まず文頭の It は仮主語であり，to learn 以下を指している。次に that 以下には while A，B（A，Bとも節）「Aである一方，Bでもある」という構文があるのを見抜くことである。とりあえず直読法でスラッシュごとに訳すと，「それゆえに知るととまどってしまう（何を知ると？→）/ 放送や信号音の音量における減少が / 私たちの駅のいくつかの / 何人かの人々を喜ばせる（どんな人々？→）/ 雑音に敏感である（その一方で）他の人々はその風潮により悲しませられてきている（ことを）」 直読により Reading の speed up が実現できることは，紛れもない事実であるが，while や when, though といった接続詞が登場したときは，その語がどこまでかかっているかに注意すること。幸いなことに私の経験上，最初に登場するコンマがその限界を明示している可能性は限りなく100％に近い。また仮にこの部分がよく理解できなくとも，このコンマは，ここで文頭副詞（節）が終わり，「ここからが主文の始まりですよ」という合図なので，その後の主文が理解できれば，文章の大要の理解には，そんなに困ることはない。その意味からも主文のSとVをはっきりと理解できる，いわゆる「**主文 SV 感覚**」をしっかり身につけることが直読法では最重要である。

*l.*9　two schools of thought「考え方の2つの流派」 school は多義語で，この意味以外にも「魚の群れ」という意味もある。

*l.*10　so common…stations の部分は直前の the announcements and the bells, whistles and buzzers の後置の形容詞句である。so の前に that（関係代名詞の主格）と are を補うとよい。

*l.*11　what they feel / is the loudness and high-pitched tone / in which announcements are delivered, / and even whether some announcements are needed at all, これは what they feel の主格補語として，the loudness…delivered と even から文末の at all までの2つが続いている第2文型である。直読してみると，「彼らが感じていることは / 大きさと甲高さである / そしてその中で放送は流される / またそもそもいくつかの放送は必要とされるのかどうかということさえも」この文のもう1つのポイントは at all で at all は whether とともに使うと「そもそも（一体全体）」と訳し，

疑いを強める働きをする。

*l.*14　those ＝(some) announcements のことで，advising 以下は those の後置の形容詞句である。

*l.*22　The provision of... の１文は名詞構文を用いた長い主語であるが，上記２例で詳説したように直読法で切り抜けて欲しい。この文のいちばんのポイントは The provision の主語（Ｓ）に対応する動詞（Ｖ）は help でも suggested でもなく，is overdue の is である。また文中および次の文の their は the blind を受ける所有格の代名詞である。

*l.*24　: that instead of... の that は another (of their suggestions) を具体的に表す同格節で接続詞である。

全訳　私たちはたいてい五感すべてを持っており，そしてそれを至極当然のことと思っている。普通の状況の下では私たちは私たちほど幸運でない人たちのことはめったに考えない。それゆえに，(A)いくつかの駅で放送や信号音の音量を落としたために，音に敏感な人々が喜ぶ一方で，その風潮に悲しんできた人たちもいると知るととまどってしまう。駅が静かになることによって目の不自由な人の危険が増すと訴えるために，先週，東京盲人協会の代表者が，警視庁と鉄道各社の幹部と会った。

　地下鉄も含めた日本の鉄道の駅でごく普通になっている放送やベル，警笛，ブザーについては，以前から２つの考え方の流派があった。外国からの旅行者は，しばしばそれらの頻繁さを批判する。彼らが感じていることは，放送が流されるその音の大きさと甲高さであり，また例えば(B)電車のドアとプラットホームの間の狭い空間から線路に落ちないよう数秒ごとに乗客に対して警告するような放送は，そもそも必要なのかどうかとさえ感じている。

　しかしながら，普通そのような音は必要なサービスだと思っている日本人も多い。ほとんど無音といってよいくらい静かな外国の駅に行くとたいてい日本人の旅行者は心地よく思わない。(C)ようやく最近になって，私たちの中にも騒音の大きさに不平を言う人も出始めた。それにこたえて，ことによると急速すぎたかもしれないが，混み合った駅の中には，頻繁な警告や音量を減少し，ブザーや警笛の代わりに音楽を使うように取り組み始める駅も出てきた。

　自動改札機や駅のエスカレーターにおいて，目の不自由な人たちのために，音声やそのほかの手助けをする装置を設置することが盲人協会から提案されているのだが，実施は遅れている。代わりに私たちは同協会の別の提案により恩恵を被るかもしれない。すなわち，駅の放送を消してしまったり減らしたりするのではなく，単純にもう少し甲高くなく，威圧

的でないようにすればよいのではないかということ。

🔖 **ワンポイントレッスン**

　circumstances は「回りに(circum)立つ(stance)」ことから「事情，状況」と訳し，通例複数扱いする名詞である。この circum- の prefix(接頭辞)を持つ単語をまとめておく。

・circumference「円周，周囲」
・circumlocution「回りくどい(遠回しな)表現」
・circumnavigate「～を船で一周する」
・circumspect「用心深い」←(周囲を見る)

14　タイタニック号の生存者（*pp.30〜31*）

☑ **解答**

1　[a]―ク　[b]―オ　[c]―ウ　[d]―ア
[e]―イ　[f]―エ　[g]―コ　[h]―ケ
[i]―カ　[j]―キ
2　(1)―ウ　(2)―ウ　(3)―イ　(4)―エ
(5)―イ　(6)―ア

💡 **解法のヒント**

1　設問文は「それぞれの語は１度しか使えないと考え，それぞれの空欄[a]〜[j]を埋めるのに最も適した語を選べ」

　[a]自らの命に対してイギリス人男性がとった(と考えられている)行動と対照的な表現がくる。make ～ a priority「～を優先する」　[b]norm「平均，標準」　[c]when men were

removed from the equation「男性を要素から除くと，男性を除いて考えると」 equation「平均化，方程式，（考慮すべき）要素」 [d]第1段落のイギリス人男性に関する記述を考慮する。cultural background matters「文化的背景が重要となる」 [e]，[g]はともに，crises「危機（crisis の複数形）」もしくは tragedy「悲劇」が入ると考えられるが，[e]は後に such as ～と続くように，タイタニック号の惨事を1つの例とする状況全般を表しているのに対し，[g]はタイタニック号の事故を特定して指している。よって，複数形である crises は[e]に適する。[f] maiden voyage「処女航海」[h]直後の「種を保存する」を考慮する。reproductive instinct「生殖本能」 [i] percentage point(s)「パーセントポイント」 point「ポイント」とは，パーセンテージを表す数値の差分のこと。 [j] preferential treatment「優遇措置」

2 (1)implore「懇願する」 inquire「尋ねる」，persist「言い張る」，plead「懇願する」，require「要求する」 (2)queue「列を作る」 line up「並ぶ」 (3)gallantly「勇敢に」 meekly「おとなしく」，bravely「勇敢に」，selfishly「自分本位に」，extravagantly「ぜいたくに」 (4)revert「逆戻りする」（主に，悪い状態に戻る場合に用いられる） reform「改善する」，revisit「再訪する，再考する」，restore「修復する」（主に，良い状態を取り戻す場合に用いられる），return「戻る」 (5)preserve「保存する，保つ」 refrain「差し控える」，retain「保つ」，restrain「こらえる，抑える」，regain「取り戻す」 (6)attribute ～ to...「～を…のゆえ（のおかげ）とする」＝ put ～ down to...

解説

タイタニック号は氷山（iceberg）に激突して大西洋に沈んだ豪華客船で，この事故により約1500名が犠牲となっている。事故発生時には船長の指示により Women and children first「女性と子どもを優先」して避難させたと知られている。

多数の犠牲者が出たこの事故において，「文化的背景」が，さらには客室の等級（乗客の身分と言い換えられるかもしれない）が生死を分ける要因になったという調査結果を取り上げた文章。

*l.*1 Englishmen aboard the Titanic「タイタニック号に乗船していたイギリス人男性」の比較対象を their American counterparts と表現し

ている。これは乗船していたアメリカ人男性を意味している。counterpart は「写し，写本」を意味する語だが，ここでは「（対応する）人，（対をなすものの）一方」という意味。このように，国や状況などが異なる同じ特性を持った人や物を指して counterpart と表す。their は Englishmen aboard を指す所有格。

*l.*3 implored crew members to give lifeboat places to ～の部分は「～に救命ボートの席を譲るよう乗組員に懇願した」という意味。give place to ～で「～に場所を譲る」の意。この文は本来なら文頭にくる It is believed (that) を文末に置いている。

*l.*6 1912年のタイタニック号沈没事故を指して the 1912 disaster と表記。この事故について文中では，the disaster, the experience, the tragedy といった表現で言い換えられている。disaster の類義語に，catastrophe, casualty (casualties は「死傷者数」)がある。

*l.*8 Yet there was practically no difference「けれども，ほとんど違いはなかった」 yet は「まだ，もう」など完了や結果を表したり，「なおいっそう」と比較級を強めたりするが，ここでは「けれども，それにもかかわらず」という逆接の意。

*l.*10 gallantly は「勇敢に，（女性に対して）丁重に」を表す。形容詞形は gallant，名詞形は gallantry となる。sacrifice は「（神に）～を捧げる」を表す語で，「～を犠牲にする」という意味で用いられる。sacrificed themselves は「彼ら自身を（神に）捧げた」，つまり「自らを犠牲にした」ということ。ちなみに sacred は「神聖な」，sacrament は「聖礼典（神聖な儀式）」という意味。また，Sacramento といえば California 州の州都である。

*l.*14 life-and-death situation「生きるか死ぬかの状況」

*l.*17 social value「社会的価値，社会的価値観」

*l.*19 every man for himself とは，各自が自分のために行動する状況やそのような姿勢を表す。ここでは women and children first という価値観と対比されている。

*l.*20 shortly after「～の直後に，間もなく」

*l.*21 to go around the 2,223 people on board は「乗船している2223人に行き渡るための」の意。go around は「～を回る，一緒にすごす」といった意味のほかに「（皆に十分に）行き渡る」という意味でも使われる。

*l.*26 prime child-bearing age は「出産適齢期」

の意。prime は「第 1 の，主要な，全盛の」，bear は「実を結ぶ，子を産む」。なお，bear（名詞ではクマ）は「耐える」という動詞としても使われる。

*l.*27　the findings supported the theory that ～「その調査結果は～という説を裏付けた」

*l.*30　class of accommodation は「客室の等級」の意。accommodation は「宿泊設備，収容施設」を意味し，ここでは「（船の）客室」を意味する。

*l.*31　as opposed to ～「～とは対照的に」

*l.*39　person in authority「権力者」 ここでは救命ボートに乗せるかどうかを決める権限のある人のこと。

全訳　新たな調査により，タイタニック号に乗船したイギリス人男性はアメリカ人男性の乗客よりも生存率が少なく，それは彼らの礼儀正しさに起因するということが示唆されている。彼らは「女性と子どもを優先」して救命ボートに乗せるよう乗組員に懇願し，ほかの乗客が自分の命を救うことを優先するなかで（救命ボートの）席を求めて列をなして待ったかもしれないと考えられている。

　その調査によると，イギリス人は 1912 年の惨事を生き延びた可能性がほかの乗客に比べて 7 ％低い。対照的に，アメリカ人の生存率は平均より 8.5 ％高い。しかし 2 国の女性の生存率には実質的な差はなく，これはイギリス紳士が勇敢にも自らを犠牲にしたことを示している。

　男性を除いて考えると，イギリス人の乗客の生存率はわずか 0.3％低く，アメリカ人はわずか 0.4％高かったことをオーストラリアの研究者がつきとめた。生きるか死ぬかの状況では，幾多の要因の中で「文化的背景が重要となる」ことを調査結果は示した。アイルランド人の乗客は 5 ％，スウェーデン人の乗客は 2 ％平均よりも生存率が高いのを彼らはつきとめた。

　またこの調査で，タイタニック号の惨事のような危機的状況においても「女性と子どもを優先」するといった社会的な価値観が生き続けるのか，または人々は「自分中心」に逆戻りして自分が助かろうとするのかということを分析した。船は 1912 年 4 月 14 日の処女航海の途中で氷山に衝突し，間もなく沈没した。乗船していた 2223 人に対してわずか 1178 人分しか救命ボートがなかった。わずか 706 人がこの惨事を生き延び，1517 人が凍てつく大西洋で犠牲となった。

　調査により，女性の生存率は平均と比べて 52％高く，15 歳以下の子どもがこの経験を生き抜いた確率は 51 歳以上の人に比べて 32％高かったことが分かった。15 歳から 35 歳（出産適齢期）の女性がこ

の悲劇を生き延びた確率はさらに高かった。この調査結果は，人は母親と幼い子どもを保護することによって自分の種を守るという「生殖本能」に基づいて行動するだろうという説を裏付けたと研究者は述べた。

　彼らはまた，客室の等級が良いほど生存率が高かったことも発見した。「3 等船客とは対照的に，1 等船客であれば生き延びる可能性（パーセンテージ）が 40 ポイント近く増加する」と著者は記している。1 等船客の 7 人の子どものうちの 6 人と，2 等船客の子ども全員は助けられたが，3 等船客では 3 分の 1 しか助からなかった。2 等船客の女性では生存率が 86％，3 等船客では半分に満たなかったのに比べ，1 等船客の女性はほとんど全員が生き延びた。研究者はこのことを，より高価な切符を持った乗客には「優遇措置」が与えられ，「差し迫った危険に関する情報がより手に入れやすく，（ボートに乗せる）権限のある人物により接触しやすかった」ためであるとしている。

💡 **長文を読むためのヒント ⑭**

《可能性を表す副詞》

　文章中に多く用いられている be likely to ～は「～しそうである，～しやすい」という意味の可能性を表す語句である。ここでの likely は「ありそうな，起こりそうな」という形容詞であるが，ほかに「たぶん，おそらく」の意の副詞としても用いられる。この可能性を表す副詞にはほかにもいくつかあるが，その起こる確率は，probably ＞ likely ＞ maybe ＞ perhaps ＞ possibly となり，probably は 8 〜 9 割，最後の possibly なら 1 〜 3 割といった程度。注意すべきは perhaps で，これを「たぶん」と訳すと誤訳になる。本来は「ひょっとしたら」とか「ことによると」と訳すのが正しい。なぜなら per（～によって）haps（偶然）が語源であり，perhaps は起こる確率が 5 割（以下）のときに用いる語である。経験的には，この語の誤訳率は教師も含めて 8 割を越えている。実に不思議な現象である。

🎯 **ワンポイントレッスン**

　第 4 段落の Only 706 survived the disaster, with 1,517 perishing in the icy Atlantic. の文は，この事故の凄惨さを端的に物語っている。perish は「死ぬ，滅びる，消え去る」を表す。

　この「死ぬ」という言葉に対して日本語では「他界する」「永眠する」「昇天する」「成仏する」などたくさんの婉曲的な（euphemistic）表現があるが，英語では join（≒go over to）the

majority「大多数に参加する（亡くなった人の数に入る）」と表現されることがある。冷静に考えてみればすぐにわかることだが，いまこの時空に生きている人は，過去に生き，かつ死んでいった人よりもはるかに，はるかに少ない。その意味からもこの表現の心を味わっていただき，1回しかない人生を有効に，かつ楽しく過ごしてほしいと思う。

---

15 俳優を志す人に知ってもらいたいこと (pp.32〜33)

☑ 解答

1 ウ	2 ア	3 ア	4 エ
5 ア	6 ウ	7 イ	

💡 解法のヒント

1 「俳優の供給が需要をはるかに上回っている」の訳。「俳優志願者」を「供給」と，「俳優の働き口」を「需要」と考えると理解しやすい。

3 achieve は「努力して，あるいは能力に恵まれて（ある世界の）頂点に達する」ことである。したがって，目的語として ambition が適切。

4 make one's way には「成功する，出世する」という意味以外に「生活の苦労をする」という意味もある。

5 the latter は「後者」である。逆に「前者」は the former という。

6 第5段落の内容把握に関する問題である。最終文より，ウの「すべての俳優は観客と触れ合いたいという欲望によって演技するように駆りたてられる」が正解となる。

7 最終段落の第1文と第2文より，イの「成功した俳優はなぜ自分がその職業で成功したのかよくわからない」が正解となる。

📖 解説

俳優を志す人々に平易な口調でいかに俳優という職業が「不安定な」ものであるかを論じたエッセイの要素も混在した論説文である。「俳優として成功するためには運と才能が必要な条件であるが，この2つを得て成功しても，名声がいつまでも長続きするとは限らない。俳優の世界では成功は一過性である場合が多い」というのが筆者の論旨である。

*l.*5 Once you choose to become an actor, の Once は「ひとたび〜すれば」の意味を表す接続詞である。

*l.*10 There are no easy ways of getting there 「野望に到達するのに簡単な道はない」 否定を

表す形容詞 no と副詞の not では，否定の度合いに大きな隔たりがある。例文で考えてみよう。

① She is no fool.（＝ She is not a fool at all. ／ She is anything but a fool.）「彼女は，ばかどころでは決してない（なかなかたいした女だ）」

② She is not a fool.「（単に）彼女は，ばかではない」 また，この部分の直後の―(dash)は，「補足説明」を表している。この場合は，具体的に俳優になるのがどれほど簡単ではないかを説明している。

*l.*13 Yet there is a demand for 〜「しかし，（それにもかかわらず）〜の需要がある」 文頭に yet が来ると，その直後には必ず筆者の本心（本音）が出るから読解上は重要語である。また yet は，but や however より対比の意がやや強い語である。

*l.*18 And it has a lot to do with 〜「そしてそれ（＝想像力）は〜と大いに関係がある」 この have a lot to do with 〜「〜と大いに関係がある」は，重要頻出イディオムである。

*l.*25 〜, wherever it takes place「それ（＝この短い触れ合い）が，どこで起ころうとも」 この wherever は譲歩を表す接続詞で no matter where に言い換えられる。

*l.*26 〜 the response will most likely be a shrug.「（彼らの）反応としては，きっと肩をすくめる人がほとんどであろう」 この shrug は「不快感・当惑，無関心，自信のなさ，疑いなど」を表す英米人の代表的なボディランゲージを表す単語である。

全訳 もし，あなたがだれかに自分は俳優という仕事に就きたいと言ったら，きっと2分以内に，「不安定な」という言葉が返ってくるだろう。そしてもちろん，現実に俳優は非常に不安定な職業である。

俳優になれる人は，求められる人よりはるかに多い。

ひとたび俳優になることを選んだら，最も親しい部類の親友と思っていた多くの人たちから，あなたは気が狂っていると言われるだろう。もっとも，彼らの中には全く逆の反応をする人もいるかもしれない。人が違えば忠告も違ってくるものだ。しかし，それはあなたがする個人的な選択であり，自分に対して責任を取り，自分の野望を実現させるための責任を持つのはあなたしかいない。

俳優への道は決して簡単ではない。筆記試験を通ればなれるわけでもなく，首尾よく訓練を終えても，それで自動的にプロとして成功できるという絶対的な保証があるわけでもない。すべて運と才能の問題だ。それにもかかわらず，さまざまな新顔や新しい才能に対する需要はあるし，いつのときでも刺激と魅力と，ときおりの豪華な報酬にありつける可能性はある。

これまでにずっと私は，だれもが追い求めている才能と呼ばれる，この魔法のようなものを説明してくれとよく頼まれてきた。それは生まれ持った能力プラス想像力というのが最もよく〔うまく〕表現されていると思う。想像力は，最も評価するのが難しい資質だ。そしてそれは，人々の勇気とか彼らのやっていることに対する信念，またその信念を観客にどのように伝えているかに大いに関係がある。

演技したいという欲求はどこからくるのだろうか。自分が演技したい理由を言葉で表現するのはとても難しい場合が多い。確かに，劇場で大切なのは，舞台の上の俳優と個々の観客の間の触れ合いの時だ。そして，この短い触れ合いを持つことが，どこで起ころうとも，すべての演技の中心である。そしてこれこそがすべての俳優を演技へと駆り立てるものなのである。

俳優に仕事はどうなのかと尋ねれば，きっと肩をすくめる人がほとんどだろう。彼らにはわからないのだ。自分に関することや自分自身の演技テクニックや他の俳優たちの演技テクニックに関してならある程度はわかるだろう。しかし彼らは何一つとして当然のこととは思っていない。なぜなら彼らは，現在の仕事に関する限りではうまくいっているが，その人気は長くは続かないかもしれないことを知っているからだ。

長文を読むためのヒント ⑮

《英語のアクセント》

technique のアクセントは -ique の部分にある。これは -ique の部分に必ずアクセントがあるというルールがあるためである。アクセント問題に強くなるためには，音読や積極的なマス・メディアの利用をお勧めする。今回は記憶するとすぐに役立つ，いくつかのアクセントの重要ルールを紹介しよう。

①その部分にアクセントのくる語尾

　-cur，-eer，-ique

　例 occúr，pionéer，uníque

②そのすぐ前の音節にアクセントのくる語尾

　-ety，-ity，-tion，-ern，-ience，-ic(s)，-ical

　例 varíety，únity，automátion，nórthern，expérience，económic，económical

　注 このうち ic(s) には，いくつかの例外があり，その例外も，これまた入試にはよく出るので要注意。その例外とは，héretic（異教徒），Árabic（アラビア語の），pólitic（賢明な），pólitics（政治学），aríthmetic（算数），lúnatic（実にばかげた，常軌を逸脱した）などである。

③その2つ前の音節にアクセントのくる語尾

　-ar，-ate

　例 símilar，séparate

ワンポイントレッスン

この課のテーマは俳優を志す人へのアドバイスであった。私の勤務する学校（四條畷学園高校）でも，宝塚にあこがれ，どうしても宝塚歌劇の舞台に立ちたくて，ついに難関の「宝塚音楽学校」に晴れて合格をした生徒がいる。彼女が合格を報告に来た時の笑顔を私は一生涯忘れることはないだろう。私もいつの日か，彼女のような笑顔で笑ってみたいものだ。さて今回は，その学校に関する，とっておきの耳よりな話をしたいと思う。それは学校生活最後の通過儀礼である「卒業式」に関する単語の話である。「卒業式」は graduation ceremony がその一般的な訳語であるが，特にアメリカでは，commencement ともいう。この commence は「始める，開始する」という意味で，begin より形式ばっており，準備を必要とする物事に関して用いる語である。卒業は学業を卒（お）えるというよりむしろ，新しい人生への出発点であるというこの単語の発想は実にすばらしい。

16 教訓：恐怖体験から学んだこと（pp.34〜35）

解答

1 全訳下線部(1)参照

2 ・見知らぬ犬がえさを食べているときにその犬を注視してはいけない。

・両親はいざというときに筆者を助ける
ために自分たちを危険にはさらさない。
・生き延びるためには適切な伝達手段（言
語）を知っておかなくてはならない。
3 全訳下線部(イ)参照
4 イ，オ

🔅 **解法のヒント**

1 grabbed me by the waist「私の腰にしが
みついた」＝ grabbed my waist〈grab＋人
＋by the ～〉で「人の～をつかむ」を表す。
on one's back「仰向けに」，astride「またが
って」，frightening「ぞっとさせる，怖い」

2 文章中の The other や Third などの表現に
着目する。1つ目は I should not look at
strange dogs when they are eating because
they might think I was going to take their
food. の部分，2つ目は at a critical moment
my parents would not risk themselves in
any important way to save me の部分，3つ
目は you must know the proper language in
order to survive の部分。

3 observe は「～を見る，～を観測する」とい
う意味のほかに「（規則など）に従う，～を守る」
（→ obey）を意味する。I have been an observer
of it は「私はそれの順守者である」つまり「私
は母の言いつけを守っている」ということ。
　　observation「観察」 observance「順守」

4 ア「イヌが私を殺そうとしたとき，両親が助
けてくれた」 筆者が襲われたときの両親の様
子は *l*. 18 に standing there immobilized, unable
to do anything，また not going to do anything
と書かれている。
イ「犬が馬小屋から出て，私たちのところへ来
てから，私はそれをなでた」 *l*. 7 に was
petted by everyone, including me とある。
pet と stroke は同意。
ウ「男は両親と私の間にいて，馬勒を探した」
男が馬勒を探していたときの様子は *l*. 11 に
Between him and me are my parents「彼と
私の間に両親がいて」と書かれている。
エ「犬が私を襲うようけしかけたのはその男で
あった」 そのような記述はない。spur「かり
立てる」
オ「犬が私にまたがったとき，助けを求めて両
親を見たが無駄だった」 in vain「かいなく，
無駄に」
カ「男は飼葉おけに入れておくほど馬勒を大変
貴重なものと考えた」 manger は *l*. 32 に the

horses ate their hay and slobbered on it「馬
が干し草を食べてよだれを垂らす」ようなとこ
ろと書かれている。高価な物を入れておくには
ふさわしくないということが書かれている。

🧑‍🏫 **解説**

　犬が食べているところをじっと見ていたら，
犬が牙をむいて襲ってきた。このことから筆者
は，食べている犬をじっと見てはならないこと，
いざというとき両親は助けてくれないというこ
と，適切な伝達手段を知っておかなくてはなら
ないということの3つの教訓を得たという内容。

l. 1　at dusk「夕暮れに」 at dawn「明け方に」
と一緒に覚えるとよい。dusk[dʌsk]，
dawn[dɔːn]（カタカナでいうと「ドーン」に近い）
とそれぞれ発音する。ちなみに dawn on ～ は
「～をわかり始める」を表す。
　　例 It dawned on me that I was sick.「自
分が病におかされているということに私は気
づき始めた」

l. 5　police dog は「警察犬」という意味だが，
ジャーマン・シェパードを指してこう呼ぶこと
がある。ここでは文脈から後者の意味で解釈し
た（**全訳**参照）。

l. 7　was petted by everyone「みなになでられ
た」 pet は名詞のほかに「～をかわいがる，
～をなでる」という動詞の意味も使われる。

l. 9　The next scene is all in slow motion. の
あとに現在形（または現在進行形）の文が続いて
いる。犬に襲われた瞬間の記憶がスローモーシ
ョンで，まるで現在それが起こっているかのよ
うに表現されている。

l. 12　a good seventeen feet away「ゆうに 17
フィート離れて」 この good は「十分に」の意。
1 foot は約 0.3 メートルであるから，17 feet は
約5メートル。

l. 15　The dog had grabbed me ～の文からは
本来の時制での文章に戻っている。襲われたと
きの状況を改めて読者に説明している。

l. 19　～, which made my situation even more
desperate.「そのことが状況をさらに絶望的に
した」 SVOC の構文。この which は前にある
that 節の内容を指す。even は比較級を強める
働きをする。

l. 20　the man raised his head ～, bridle in
hand「男が，馬勒を手に持って，頭を上げた」
犬に襲われた緊急時とはいえ，この1文より男
が馬勒を見つけたことを筆者が確認したことが
わかる。

l. 22　only one of which was explained「その

29

うちの1つだけが説明された」 この which は前の three things のこと。

l.23 strange dogs「見知らぬ犬」 strange には「奇妙な」という意味もあるが，ここでは文脈から「見知らぬ，見慣れない」が妥当。ちなみに stranger は「見知らぬ人，よそ者」の意。

l.24 This was my first experience with eye behavior「これは目のふるまいに関する最初の教訓であった」 experience はここでは「（経験から得た）知識」としてとらえるとわかりやすい。experience「経験，（経験から得た）知識」

l.28 you must know the proper language「適切な伝達手段を知っていなければならない」 次の文に proper commands「適切な指示」が出せるその男がいなかったら私はここにいなかったとあることから，自ら危機を脱するために，（この場合は犬に）意思を伝える適切な方法を知っておかなければならないと解釈できる。language には音声や文字による言葉のほかに，身ぶりや鳴き声などの「伝達手段」という意味がある。

l.30 I also wondered why... 以下の最終文に再び馬勒の話で文章をしめくくっている。筆者の性格（character, personality）が垣間見える。to say nothing of ～「～は言うまでもなく」

全訳 それは初夏の夕食のあと，夕暮れ時の少し冷え始めていたときのことだった。母と父は，線路のはずれで馬小屋（厩舎）を経営していた男に貸した馬勒を回収しに，私を一緒に連れていった。馬小屋までの距離は近く，そこで私たちは私が会ったことのなかった男に会い，その男は馬小屋の扉をすぐに開けて彼のシェパード犬を外に出した。犬はもちろん大喜びだった。跳ね回り，ほえて尻尾を振り，皆にあいさつして回り，私も含めて皆になでられた。彼はわが家の「オオカミ」であるジャーマン・シェパードにそっくりだった。男が犬にえさをやると言うので，私たち4人全員は馬小屋に入った。次の光景はすべてがスローモーションだ。男はかがみ込み，頭を下げ，馬勒を探して飼葉おけの中のわらをかき回している。彼と私の間には両親が一緒に立っていて，三角形の底辺を作っている。三角形の頂点はゆうに17フィートは離れており，そこで犬が食事をしている。私が知っているすべての子どもと同じように，私は犬が食べるのを見ている。次に覚えているのは，私が仰向けに倒れ，恐ろしげに光る歯と顎を見上げていることだ。(1)犬は私の腰にしがみつき，仰向けに倒し，私の上にまたがって，極めて恐ろしくぞっとするような音を立てていたのである。助けを求めて両親に目をやったが，彼らが動けずに立ち

つくして何もできないでいるのが見えた。彼らが何もしようとしていないのがわかり，状況はさらに絶望的となった。私が希望を失いかけたとき，男が，馬勒を手に持って，飼葉おけから頭を上げて口笛を吹いた。犬は引き下がった。

このことから私は3つのことを学んだが，そのうち（人から）説明を受けたのは1つだけだ。母は，私がえさを奪おうとしていると思われるかもしれないので見知らぬ犬が食べているときにその犬をじっと見るべきではないと私に教えた。これは目のふるまい方に関する最初の教訓であった。(2)それ以来私はそれ（見知らぬ犬が食べているのを見つめないという母の言いつけ）を忠実に守っている。そのほかに学んだことは，両親はいざというときに私を救うために有効な方法をとって自らを危険にさらすようなことはしないということだ。彼らが助けてくれないなら，だれが助けてくれるというのだろうか。3つ目は生き延びるためには適切な伝達手段を知っていなくてはならないということだ。もしあの犬がよく訓練されておらず，適切な指示を知っている飼い主がその場にいなかったら，私はここにいなかったであろう。また，なぜ両親が，高価な馬勒は言うまでもなく，馬が干し草を食べてよだれを垂らす飼葉おけの中にどんな物でも投げ入れておくような男に物を貸したのかわからなかった。

─ 長文を読むためのヒント ⓰
《動物にからんだ idiom》
この課に登場した dog や horse に関連したイディオムを今回はまとめておく。まずは dog から。a dog in the manger は「飼葉おけの中の犬」が直訳だが，これは「意地悪者」を意味する。飼葉おけの中に入って牛を困らせた犬の話（イソップ物語）に由来する。ちなみに manger は [méindʒər] と発音する。

次は horse。horse sense ＝ common sense「常識」，straight from the horse's mouth「信頼できる筋から直接に」 もう1つ，monkey with ～「～をいじる」も覚えてほしい。

例 For God's sake, don't monkey with my personal computer.「お願いだから，ぼくのパソコンをいじらないでくれ」

 ワンポイントレッスン ────────
on one's back とは「仰向けに」を意味するが，ここでは back[bæk] にからめて [æ][ʌ] の発音について述べたい。

日本人にとって [æ] と [ʌ] の発音は混同しがちであるが，しっかりと区別するようにしよう。

```
back[bæk] →背
buck[bʌk] →（米俗）ドル
```

くだけた会話などでは dollar の代わりに buck がよく使われる。

例 You owe me ten bucks.「君に 10 ドル貸しているよな」

```
stamp[stæmp] →切手
stump[stʌmp] →木の切り株
```

日本語で普通にスタンプと発音すれば明らかに下の切り株に近い音になるので注意が必要。さらにほかの例として基本的でかつ重要語のペアを 3 組あげておく。

```
bag[bæg] →バッグ，かばん
bug[bʌg] →昆虫，（コンピュータなどの）
              故障，欠陥
fan[fæn] →ファン
fun[fʌn] →おもしろさ 形 funny
hat[hæt] →帽子
hut[hʌt] →小屋
```

---

17 「主夫」奮戦記 (pp.36〜37)

☑ 解答

1 「私」：作家（小説家） Anne：（舞台）女優

2 全訳下線部(1)，(2)，(3)参照

3 ウ

4 エマが，午前中は 10 時から 12 時まで，午後は 2 時 30 分から 4 時 30 分まで眠り，夕方 6 時 30 分には，就寝するということ。(54 字)

5 イ **6** ウ

解法のヒント

2 (3) cross は「不機嫌な」の意。

5 問題となっている of は同格の of である。the old city of Kyoto は「京都という古い都市」「古都京都」の意。

解説

内縁の妻が仕事上の理由により，昼間家を空けざるをえなくなり，自らも最初は望んで赤ちゃんの世話をするようになった「主夫」の物語。受験生諸君にとってはおそらく「未体験」な内容であろうが，私には，過ぎ去った育児時代（といっても私はあまりよい夫ではなかったが…）が一種の懐かしさとともによみがえってくる。小気味のよい筆致でつづられたエッセイ。

l.1 Anne and I are so modern we decided not to get married, but just live together. modern の直後に that を補って考える。結婚

せずに一緒に生活することを cohabitation「同棲」という。

l.4 — no actress dares refuse a part or she may never get another one「どんな女優だってあえて役は断らないものだ。つまり（断ると）ほかの役はもう絶対もらえないかもしれないから」dares は，この文では本動詞であるが，dare(s) の直後に to 不定詞がくることもある。また文末の one は part を受ける代名詞である。

l.6 "holding the baby"「赤ちゃんを抱きながら」この句に quotation mark（引用符）がついているのは，意味上の主語が男であるという非日常性を強調するためである。

l.8 That gave me plenty of time to write — I thought.「それは私にたくさんの執筆時間を与えた—私はそう考えた」が直訳。この gave は一見，破格のようにみえる。本来なら would give が妥当であろう。しかし，前文で Emma の睡眠時間についての記述があり，私の心の中では，「すでにたくさんの時間が与えられていた」のだから gave でよいのである。

l.9 But soon I discovered the terrible truth. この terrible は terror（恐怖）の形容詞形であり，very bad に換言できる。逆に，同じく terror の形容詞形である terrific は very good に言い換えられる。

例 How do I look today, my darling? — Well, terrific!「ねえあなた，今日の私どう？」「うん，最高さ！」
上の例文でまちがっても terrible を使わないように注意！

l.12 〜 change her nappy, dress her... 文末にある...(dots)に込められた「主夫」の疲労困ぱいぶりを読み取ってほしい。

l.15 〜, and so did the dirty dishes ＝ and the dirty dishes had to be washed too と考える。

l.16 And people gave me strange looks.「そして人々は私を変な目で見た」思わず苦笑させられる 1 文。「あらあの人，若いくせに奥さんに逃げられたのかしら，たいへんね」というささやき声が行間から聞こえてきそうである。

l.22 — she was *my* baby「彼女(Emma)は "私の" 赤ちゃんなのだから」この *my* がイタリックになっているのは，本来女房がするべき育児を私がずっとやってきたという筆者の自負と，Anne だけによい思いをされたくないという jealousy を強調したいからである。

l.23 The best piece of news Anne brought

home was that her play had collapsed「アンが家にもたらした知らせのうちで最良のものは彼女の芝居がうまくいかなかったというものだった」collapse という単語を 2 人（I と Anne）の状況で適切に使い分けているのはみごとである。

*l.*25 ～, but we've gone back to the traditional roles again.「しかし、私たちは伝統的な夫婦の役割に戻ってしまっている」とりあえず happy ending の結末ではある。しかしながら、この traditional roles ということばが、はたして未来永劫にわたり、その語義を変えないでいられるかどうかについては、私などは、はなはだ不安を覚えるのだが…。

全訳 (1)アンと私はとても現代的なので、結婚せずいっしょに暮らすだけに決めた。初めての赤ちゃんが生まれたとき、私は家で 1 冊の本を書いていた。私はいつも妻の助けを求める声に応じ、赤ちゃんの世話をするのを楽しんでいた。それで、アンが新しい芝居で役をもらったとき、――どんな女優だってあえて役を断らないものであり、つまり断るとほかの役はもう絶対にもらえないかもしれないからである――私は、自分で赤ちゃんの世話など簡単にできるはずだと言った。そこで、アンは仕事のために外出し、私が「赤ちゃんを抱きながら」家に残った。エマは午前中 10 時から 12 時まで、午後は 2 時 30 分から 4 時 30 分まで眠り、そして 6 時 30 分ごろには寝かしつける。それだけ眠ってくれれば、書く時間がたくさんある――と私は思った。しかしすぐに私は恐ろしい事実を発見した。赤ちゃん（の世話）は四六時中、かかりきりになる仕事なのだ。おきているときには、エマは十分に注意を払ってくれるように求め、もしそうでなければ、泣いた――ただもう泣きまくった。服を着せ、おしめを取り替え、食事をさせ、いっしょに遊び、服を脱がせ、小児用ベッドに寝かせ、ベッドから出し、おしめを取り替え、服を着せなければならなかった…。(2)10 時と 12 時の間に私は 1 杯のコーヒーを飲みながら、まさしくへたりこんだ――そしてとうとうあのおしめを思い出した。洗濯を、また洗濯をしなければならず、汚れた食器も洗わなければならなかった。買い物に出かけるのがもう 1 つの問題だった。エマをほうっておくこともできず、さりとてエマがいっしょだと、急いで買い物をすることもできなかった。そして人々は私を変な目で見た。

2 週間で 2 行書いていた。私は本を書き終えるという考えをあきらめた。私はもっぱらエマの世話をし、家事に努め、中途半端で静かな時間を、新聞を読んだりラジオを聞いたりして過ごした。(3)アンが

帰宅するころまでに私は疲れて不機嫌だった。彼女の楽しい 1 日について聞きたくなかった。エマがアンに大きくほほ笑みかけるのが好きでなかった――というのもエマは「私の」赤ちゃんだからだった。私は執筆のための時間と精力を損失することが憎らしかった。アンが家にもたらした最もすばらしい知らせは、芝居がうまくいかなかったということだった。とてもうれしかったけれども、表情には出さないようにした。依然として私たちはとても現代的なので結婚はしていないが、再び伝統的な夫婦の役割に戻ってしまっている。

💡 長文を読むためのヒント ⑰
《不可算名詞の数量の表し方》

news は、one news, two news のようには数えられない。本文にあるように a piece of news, two pieces of news... もしくは an item of news, two items of news と数える。そこで今回は、このような不可算名詞の数量の表し方のうち、入試によく出るものを整理しておく。

a slice of bread「パン 1 切れ」
a lump of sugar「角砂糖 1 個」
a handful of sand「ひと握りの砂」
a dose of medicine「薬の 1 回（服用）分」
a flash of lightening「稲妻の一閃」

⚙️ ワンポイントレッスン

「人生は泣き笑い」ということわざがあるが、今回は Emma ちゃんの scream「きゃあきゃあ泣く」にちなんで、いろいろな「泣き笑い」のパターンを学んでほしい。まず、giggle は、「くすくす笑う」、grin は「歯をみせてニヤリと笑う」、chuckle は「気分よくほくそ笑む」、sob は「すすり泣く」、wail は「大声をあげて号泣する」というように、「泣き笑い」にもいろいろな単語がある。

---

18 その携帯電話、待って！（*pp.38～39*）

☑ 解 答

1 (1)―エ (2)―ア (3)―イ (4)―ア
(5)―ウ

💡 解法のヒント

(1)「本文によると、保健の専門家たちは、携帯電話使用の増加に伴う長期的な影響について心配している」*ll.*1 ～ 2、及び *ll.*7 ～ 8 を参照。
(2)「本文において言及されている研究は、携帯電話は潜在的に健康に害を及ぼす危険があると

言っている」*l.*23 を参照。

(3)「携帯電話の会社は，携帯電話が取るにたらないほど微量の電磁波を発していることは認めている」*ll.*25 〜 27 を参照。

(4)「記憶喪失は，ひょっとしたら電磁波により引きおこされているのかもしれない」*ll.*23 〜 24 を参照。

(5)「本文は，我々は家庭の普通の電話を使えない場合に携帯電話を使うべきだと提案している」*ll.*33 〜 36 を参照。

解説

　携帯電話の「功罪」のうち，「罪」の方に視点を置いて論じた文である。「その携帯電話，待って！」のタイトルの直後に，「携帯電話に漂い始めた暗雲」というサブタイトルがすぐに浮かびそうなくらいに，筆者はこの現代の文明の利器が健康に及ぼす悪影響について懸念している。さてこの長文のジャンルは典型的な「論説文」である。このジャンルの英文を読む時は，topic sentence と supportive sentence について知っておくと英文読解が飛躍的に楽になる。すなわち，各パラグラフの初めには，そのパラグラフの要旨を説明した topic sentence が通常あり，その直後の文以降は，その要旨・主旨にそって，topic sentence を支持・補足する supportive sentence が，いくつか続くのである（まれに，パラグラフの最終文が topic sentence になる場合もある）。したがって英文読解において，特に，入試の本番などで万一あまり時間的余裕がなくても，各パラグラフの最初の文と最後の文の文意さえ理解できれば，長文全体の要旨はだいたい把握できるようになっているのである。究極の読解テクニックとして頭の片隅に入れておくこと（もちろん日頃の学習においては一文一文，丁寧に直読法で読み進めていく作業は必須である）。

*l.*3　〜 it is considered unusual not to have one. の one は a mobile phone を表す不定代名詞である。常識としては1人1台所有しているから単数の one でいいのである。

*l.*9　〜, a whole generation of people may suffer health problems「全ての世代の人々が健康問題に苦しむことになるかもしれない」この generation は，集合的に「同世代の人々」の意味だがこの文のように，イギリス英語においては， 全訳 の訳文からも読み取れる通り，単数形で複数扱いになることがある。ちなみに，generation には「一世代」の意味もあり，これは人が生まれて成長し，家庭を築くまでの標準

の期間である約30年間を表している。a decade「10 年間」，a score「20 年間」，a fortnight「2週間」と共に記憶すべき重要語である。

*l.*17　a traveling salesman had to retire at a young age「あるセールスマンが若い年齢での退職を余儀なくされた」この salesman という語をはじめ，-man の付く語は性差別（sexism）と，とられることを避けるため，-person に言い換えられる傾向が強い。

　例　chairman → chairperson（議長）
　　　salesman → salesperson（販売員）
　　　policeman → police officer（警官）

*l.*25　The fact is that 〜「その事実は〜である」が直訳になる第2文型の英文であるが，むしろ The fact is that 全体を文頭副詞のようにとらえて「実は」と訳す方がスマートな訳になる。

*l.*36　In the future, mobile phones may have a warning label attached that says 〜「将来，携帯電話には〜という警告ラベルが貼られるかもしれない」この label は [léibl] と発音する。have ＋目的語＋過去分詞の構文は注意をする必要がある。He had his bag stolen.「彼はかばんを盗まれた」→誤）He was stolen his bag. that says の that は関係代名詞の主格で先行詞は label である。このように直前に先行詞を伴わない形を「先行詞分離型」と呼ぶ。

全訳　その携帯電話，待って！

　世界中の保健の専門家たちが，携帯電話の使用の急激な増加について心配している。毎年，何百万もの人々が携帯電話を購入しており，最近では携帯電話を所持していないことはふつうでないと考えられている。日本では，携帯電話は若者の間で大変人気になっている。彼らは，携帯電話をコミュニケーションの手段以上のものと感じている――携帯電話を持っていることは，今風でだれかとつながっていることを示しているのだ。

　しかし，携帯電話の長期間にわたる使用とそれが人体に及ぼすかもしれない影響に関しては，相当な懸念が持たれてきた。将来，全ての世代の人々が，携帯電話の使用による健康問題に苦しむことになるかもしれないと心配する医者もいる。イギリスではこの問題について真剣な論議がなされてきた。携帯電話会社は，そうした論議の否定的な印象を心配し，携帯電話が健康に悪いという証拠はほとんどないと言っている。

　では，もう一方でなぜいくつかの医学的研究は，携帯電話を持つほうの耳に近い脳細胞の変化を示しているのだろうか。脳や頭の組織の変化の兆候は，最新鋭のスキャン装置で検知できる。1つのケース

では，あるセールスマンが深刻な記憶喪失のために，若い年齢での退職を余儀なくされた。彼は簡単な職務でさえ記憶することができなかった。彼は自分の息子の名前すらよく忘れたものだった。この男性は，2～3年間，週のうちで働いている日は毎日，1日6時間くらいは携帯電話で話していた。彼の主治医は携帯電話の使用のせいだと非難したが，そのセールスマンの雇用主の医者は同意しなかった。

携帯電話を潜在的に有害にしているものは一体何なのか。その答えは，電磁波──潜在的に危険なエネルギーの放射線である。ハイテク機器は，携帯電話からのごく微量な電磁波を検知できる。実は，携帯電話会社はこれを認めているが，その量は非常にわずかなので心配するには及ばないと言っている。

携帯電話の中には，ほかの機種よりも多量の電磁波を出すものもあり，いくつかの調査が，伸縮自在のアンテナがついている機種が最も安全であるということを示している。そのアンテナが電磁波を頭から遠ざけているのだ。

携帯電話の安全性についての論議が続いているように，携帯電話を今までよりあまり頻繁に使わないことがいちばんよいようだ。ガンになることとか記憶を失うことが心配なら，伸縮自在なアンテナのついた電話を買うことだ。携帯電話は，特に緊急の場合にはとても有益で便利なものになりうるが，長時間話したければ家庭の電話を使うことだ。本当に必要なときだけ，携帯電話を使うことである。将来は，携帯電話には，あなたの健康に害がありますという警告ラベルが貼られているかもしれない。したがって，現在のところは携帯電話を賢く使うのがいちばんよいのである。

長文を読むためのヒント ⓲

《イギリス英語とアメリカ英語
〔British English and American English〕》
携帯電話のことを，イギリスではこのレッスンのように a mobile phone という。それに対してアメリカでは，a cellular phone という。ところが，逆に同じ英単語を使っても，イギリスとアメリカでは，こんなに意味が違ってくるという実例をいくつか紹介する。
① I have a flat.
「私はアパート一棟を所有している」→イギリス英語
「(私の車あるいは自転車の)タイヤがパンクしてしまった」→アメリカ英語
㊟ flat はイギリスでは「アパート一棟」の意味。対して，アメリカでは「(車や自転車の)タイヤのパンク」の意味が圧倒的に優勢である。

② Let's meet on the first floor of this hotel.
「このホテルの2階で会いましょう」→イギリス英語
「このホテルの1階で会いましょう」→アメリカ英語
㊟ イギリスでは建物の1階は ground floor，2階は first floor と呼ぶ。対して，アメリカでは1階は first floor，2階は second floor と呼ぶ。3階からは，1つずつずれていく。
③ That Chinese film was a bomb.
「あの中国映画は大ヒットだったね」→イギリス英語
「あんな中国映画は大失敗作だよ」→アメリカ英語
㊟ イギリスとアメリカで意味が全く反対になる好例。イギリスでは bomb は「大ヒット作」，逆にアメリカでは「大失敗作」の意。

ワンポイントレッスン

human body(人体)の human は超重要単語である。今回はこの human を含む重要語句をリストアップしておく。
・human being「人，人間」
・human chain「(例えばバケツリレーなどの)人の列」
・human race「人類」
・human rights「(基本的)人権」
(human rights abuse なら「人権侵害」の意味になる)
・human science「人文科学」(文学・哲学・歴史学などの学問のこと)
また，この human の別形として，humane [hju:méin] という形容詞もあり「人間味のある，思いやりのある」の意味を持つ。
㋡ Keiko is a most humane woman.「恵子はとても思いやりのある女性です」

19 私が恋に落ちた猫 (pp.40～41)

☑ 解答
1 (1)―エ (2)―ウ (3)―エ (4)―イ
(5)―ア (6)―イ
2 ウ **3** ア **4** ウ **5** ア

解法のヒント
1 (1) start with「～から始まる」 (2) confess ～「～を白状する」 (3)「これは2年前ならば

悲劇だったでしょう」となるべきだから，仮定法過去完了の帰結節の形を用いる。 (4)空欄の直前の文は "That's perfect timing" の supportive sentence である。従って理由を述べる because が最適となる。 (5)空欄の直前語句 kept+locking the door は明らかに猫に対する「不利益」を表しているから against を選ぶ。 (6)l.30 の but で始まる文は「猫が人間を飼っている」という主旨だから，「動物に対する人間」を表す語 humans が正解となる。

2 下線部の直後に来るコロン(:)に注目。コロンは等号(＝)が縮まったもの。すなわちコロンの後の要旨を述べている**ウ**を選ぶ。

3 be caught red-handed は「現行犯で捕まる」。具体的な内容は直後の文に書かれている。また**イ，ウ，エ**のいずれも本文に全く言及はない。

4 It's too late now. が本来の文である。すぐ直後の文が，筆者がこう思った根拠になっている。すでに猫が筆者になついてしまっている状況が読み取れる。

5 空欄の context「前後関係」さえ理解できていれば難しくはない。直後の「猫を飼うなどという考えが心に浮かんだことは一度もない」という文から「なぜあなたは猫を飼うのか」という問いかけに対して「いや，私は猫を飼ったことなど全くありません」と答えているのである。

解説

　ある日，不意に筆者の家を訪れた一匹の小さな黒猫が，さまざまな経緯を経て，筆者の家に居つくまでを，ユーモアあふれる筆致で綴ったエッセイである。私は(というより，もっと正確に言えば私以外の家族は)，猫も犬も飼った経験があるが，最終段落に述べられた猫の特徴は，見事に的を射ている。また設問はよく練られており，エッセイの内容を把握しているかを試すのには良問ばかりである。

l.1　Though I joked for decades about how the English worship the cat,「私は英国人がいかに猫を崇拝しているかについて，何十年も冗談を言ってきたが〜」 冒頭文からイギリス人が基本的に猫を adore していることが読み取れる。少し歴史的及び文化的に考察しておくと，古代エジプトでは猫はファラオの使いとして神聖なものと考えられてきた。それは猫がミイラにされたり，ファラオと共に埋葬されたことからもうかがえる。一方，中世のヨーロッパでは，猫は魔女のお供をし魔力を持つものと考えられた。(アニメ「魔女の宅急便」でもそうであった。)おもしろいことに，黒猫はイギリスでは幸運を

もたらすしると考えられているが，アメリカやヨーロッパ諸国では逆に不吉なものと考えられている。その背景には，前述したように，黒猫が魔女の使い魔(familiar)であったことや，もう一つには，Edgar Allan Poe(1809〜1849)が 1834 年に Pluto という名の黒猫を主人公にした "The Black Cat" というミステリー作品を出版していることにも遠因があると考えられる。

l.6　〜, just as one feels the need to offer a cup of coffee or a drink even to casual visitors,「ちょうど，不意に来た客にさえ1杯のコーヒーか飲み物をあげなければと人が思うように」筆者の，この黒猫に対する愛着が読み取れる一節である。「人間」である不意の来客にさえもてなしをしなければいけないのだから黒猫に対しては(もてなすのは)当然のことだという論旨である。

l.10　I was caught red-handed は「私は血だらけの手(の状態)で捕まった」が直訳。なお，この red-handed は名詞の前では用いない。

l.16　"We can share her from now on."「これからはずっと一緒に飼ってもいいんですのよ」 share は「〜を共有する」という意味の他動詞である。ちなみに，イギリスでは株のことを share という(アメリカでは stock という)。また文尾の on は「これからはずっと」という意味の「継続」を表す副詞である。

l.21　〜, not knowing which half of her belonged to me — Tsi or Tsa.　猫が筆者と元の飼い主の間を自由奔放に行き来している状態を，ユーモアを混じえて述べているエッセイの妙(みょう)が表れている一節である。

l.29　It never occurred to me to keep a cat.　この it は仮主語で to keep a cat が真主語である。なお occur の名詞形は occurrence [əkə́:rəns] である。

全訳　私は英国人がいかに猫を崇拝しているかについて，何十年も冗談を言ってきたが，最近，そんな私自身が猫に恋をしてしまった。それはすべて，1匹の小さな黒猫が私を訪ねてきたときに始まった。「あたし，ここが気に入ったわ」と彼女は宣言して，何度もやって来るようになった。彼女に話しかけるときは，名前で呼ぶのが礼儀正しい(礼儀にかなっている)と思ったが，彼女の名前など知るはずもなかった。それで，彼女を「猫ちゃん」のハンガリー語，ツィツァと呼んだ。私は彼女に何も食べ物をあげられないことを気まずく思った。それはちょうど，ふいに来た客にさえ1杯のコーヒーか飲み物をあげ

なければと人が感じるのと同じように…。そこで，私はキャットフードを買い始めた。今はわかっていることが，そのときには，私はまだわからなかった。すなわち，こうするのはだれか他人の猫を盗む方法だということを…。

そんなある日，私は現行犯で捕まってしまった。小さなスーパーマーケットでキャットフードの缶詰を1個持っていたとき，美しい金髪の女性が私のところへやって来て，私が手に持っている物をちらっと見て，角を曲がったところにあるあの小さな赤レンガの家に住む方ですかと，いくぶん厳しい口調で尋ねた。私は，そうですと白状した。「私の猫がいつもあなたのお宅に行っているんです」と彼女は断固とした口調で言った。「知っています」と私は答えた。「そうすべきでないとは存じ上げず，彼女に餌（えさ）をあげ始めてしまったんです。と言ってももう今では遅すぎますけどね。もう彼女は餌をもらうことを期待してしまって」「かまわないんですのよ」と親切な女性は言った。「これからは，一緒に飼ってもいいんですのよ」彼女はさらにつけ加えた。「2年前であれば，これは悲劇だったかもしれません。私にはあの猫が大好きだった息子がいるんです。しかし，今や彼はもう14歳になっていて，猫よりも女の子に興味がある年齢に達したのです」「それは，全く好都合です」と私は彼女に言った。「というのも，私は，女の子よりも猫に興味のある年齢になったんですから」

そういうわけで，私たちはツィツァを共同で飼うことになった。それが，猫のどちらの半分が私のものなのか——ツィなのかツァなのか——わからないまま，猫の半分を手に入れることになった経緯である。その後，彼女（ツィツァ）の元の家に困ったことが起こった。1階の新しい借家人がずっとドアに鍵をかけっぱなしにしてしまっているので，彼女が出入りできなくなったのだ。彼女はそれにうんざりして，完全に私のところへ引っ越してきてしまったのだ。

このころまでに，私は，彼女の人間のおだてに対する冷淡さ，自尊心の高さ，（遊びたいときの）遊び好き，そして（愛情が必要なときの）愛情深い性格の熱狂的なファンになっていた。なぜ猫を飼うのかと何人かに聞かれたことがある。しかし，私は猫を飼ってはいなかった。猫を飼っているという考えは一度も心に浮かばなかった。彼女が私を選んでくれて，私のもとに移ってきたのだ。人は犬を飼うことはできるが，猫は人間を役に立つ家畜と思っているので，実は猫が人間を飼っているのだ。

🔆 長文を読むためのヒント ⑲

《強調構文の It と仮主語の It》

l. 30 に登場する it は強調構文の It である。（この it is the cat who keeps people の who は that に置き換えることができる。）

これと混同しがちなものに仮主語の It がある。どちらも It...that ～ の形をしているため，一見紛らわしいが，区別のしかたをしっかりと覚えてほしい。結論からいうと，It is と that のみを取り去ってみて，英文として成立するのが，強調構文のほうである。このことは次の2文を比較してみるとよく理解できるであろう。

例 ① It is certain that Rumi will soon come to Shijonawate Station.「瑠美が四條畷駅にまもなく来るのは確かだ」→仮主語の It

② It was Rumi that came to Shijonawate Station yesterday.「昨日，四條畷駅に来たのは瑠美だった」→強調構文の It

🎯 **ワンポイントレッスン**

今回のレッスンの heroine は猫なので，今回は cat を含む重要なイディオムをまとめておく。

・bell the cat「困難なことを進んでする」（おそろしい猫の首に誰が鈴をつけるのかと尻ごみしあうネズミたちのイソップの寓話に由来する。）

・the cat's whiskers「とてもすばらしい人（物）」

・rain cats and dogs「雨が激しく降る」（通例，進行形で口語的に用いる）

・let the cat out of the bag「うっかり秘密をもらしてしまう」

・fight like cat and dog「激しくけんかする，犬猿の仲である」

20 私の運命を変えた詩作 *(pp.42〜43)*

📝 **解 答**

1 全訳下線部(1)，(2)参照

2 (a)—ウ (b)—イ (c)—ウ (d)—ウ

3 ①—ウ ②—エ ③—ウ

4 話すのが困難なほど口ごもっていた少年時代に詩を自作していて，学校でその詩を音読させられたために，話す能力を得ることができたという幸運な経験。(70字)

解法のヒント

1 (1)文頭の One は One poem のことである。
(2)It was no accident that ～の that 節において in the comfortable realm...feelings, の部分は文頭副詞である。また，expressing my own ideas and feelings の部分は分詞構文で，付帯状況を表している。

2 この問題はオリジナルの入試問題にはない著者の創作であり，意図的に語頭の似た単語をそろえた。中には多少レベルの高い単語も含まれているが，辞書を引く労を惜しまずに，未知の単語を調べてもらいたい。

3 ①の over は「優先」を，②の of は「A of B」で「BをAする」という用法，③の for は「～に対する」と訳す用法である。ちなみに①のウの文は，ＧＨＱ(General Headquarters)最高司令官 Douglas MacArthur(1880～1964)の座右の銘(motto)から引用した文であるが，残りの文は「長文を読むためのヒント」で紹介することにする。

4 75字以内でという指示があるが，試験場でぶっつけ本番でやるのはやはり心もとない。日ごろから75字とは，どの程度の長さかつかんでおく，つまり要約の練習をしておくことは肝要である。自分の志望校が要約を出題したかどうかを赤本などで必ず過去数年間分調べておくこと。「敵を知り，己を知れば，百戦あやうからず」である。

解説

人生における「出会い」の重要性，神秘性を読者に語っている回想録(reminiscences)である。この筆者の場合は詩との出会いであったが，それは何でもよく，何と（だれと）出会うのかが人生の大要であり，だいご味なのである。

*l.*2 ～, I chose silence over speech.「私は話すことに優先して沈黙を選んだ」 この over は「優先」を表し，more than に言い換えることができる。

*l.*4 But / because I needed some way / to express myself, / even to myself, / and to track the progress of my mind, ～「しかし／私は何らかの方法が必要であったので／(どんな方法？)→／私自身を表現するような／私自身に対してさえ／また私の精神の成長の軌跡をたどるような」 way の後ろの2つの to 不定詞は(some) way の後置の形容詞句と考えるのが妥当（「目的」の副詞句と考えることも可）。

*l.*5 "closet" に quotation mark がついているのは，closet に込められた「人には知られていない」という秘密性を強調するためである。

*l.*7 ～, my high school English teacher in Brethren, Michigan, helped me to use poetry...「ミシガン州ブレスレンでの私の高校の国語の先生は私が詩を使う手助けをしてくれた」 English は私たちにとっては「英語」であるが，英米人にとっては「国語」である。

*l.*17 It was no accident that ～「～ということは決して偶然ではなかった」 no は「決して～ない」という強い否定語。次の2文で比べてほしい。
1. It is not easy.「それはやさしくない」
2. It is no easy.「それは決してやさしくない」
→「それはとても難しい」

*l.*20 At the same time, poetry led me into the hearts and minds of the poets, giving me a more intimate understanding of the universal human experience.「同時に，詩は私を詩人たちの気持ちや思考へと導いてくれた。そして詩は私に普遍的な人間の経験のもっと詳しい理解を与えてくれた」が直訳である。まず heart と mind の根本的な相違は，前者が「感情や情緒」を表すのに対し，後者は「理解，思考，記憶などの知性的な頭脳の働き」を表していることである。また，giving は and gave と読み換えると理解しやすい。

*l.*26 ― only that they take joy in the words.「ただ彼らが詩の言葉の中に喜びを持てばよいということを除いては」 この only は except の意味と考えてよい。また they は readers of poetry を指す。

*l.*27 Whether you "shout them into the teeth of a strong wind" or whisper them, "down the river valley on a late summer afternoon," の文中の2つの them はどちらも the words を指している。この文は譲歩を導く副詞節で「AであろうとBであろうと」と訳す。

全訳 詩は終始私にとっての命綱であった。幼少のころ，私は口ごもり始めた。かれこれ6歳ぐらいから14歳くらいまで，私は話すことよりも沈黙を選んだ。口ごもって話すことが困難になりすぎたために，私は沈黙に逃げ込んだのだ。しかし自分を自分に対してさえ表現するための，また自分の精神の発達の軌跡をたどるための何らかの方法が必要だったので，私は密かな詩人になったのである。私は詩を愛し，自分で詩を書き始めた。

人生を変えうる幸運なできごとの1つに，ミシガン州ブレスレンで高校の国語の先生が，私が話す能力を身につけるために詩を使う手助けをしてくれた

ことがある。その先生は私が詩を書いているのを知ると，書いた詩を少し見せてくれないかと頼んできた。(1)その中の1つの詩は，ひょっとしたら私がほかのだれかの詩から言葉を盗んでいるのではないかと，その先生にとっては思えるほどすばらしいものであった。私自身を弁護するために，私はその詩を声を出して読まなければならなかった。学校では決してしゃべらなかったので，このことは私にとってはつらい経験だった。しかし私の面目がかかっていた。私は立ち上がって，先生やクラスメートたちに詩を読んで聞かせざるをえなかった。

自分でもみんなも驚いたことに，私はその詩をミスすることなく読んだ。このようにして先生も私も，調子のいいつづられた言葉を声を出して読めば口ごもらないのだとわかった。(2)自分自身の考えや気持ちを表現して書いた詩という居心地のいい世界であれば，（普通に）話すことができるとわかったのは決して偶然ではなかった。詩のおかげで私は自分の声を発見することができ，話す力を取り戻せたのである。同時に，詩のおかげで私は詩人たちの気持ちや思考に入り込むことができ，また詩によって人間の普遍的な経験をより詳細に理解するようになった。この突破口によって，人に伝えるという純粋な喜びに対する大きな欲求を私は手に入れた。

詩を読んだり書いたりするにあたっての助言を求められたとき，詩人であるカール・サンドバーグは答えた。「助言には用心しなさい。私が述べることも含めて」私はこの極めて個人的な経験に関して，詩を読むほかの人たちに対して助言をしようとは思わない。ただ彼らが詩の言葉に喜びを持てばいいということを除いては。「たとえ強風に正面から立ち向かって大声で叫ぼうとも」，「夏の終わりの昼下がりに渓谷を川下に向かって」ささやこうとも，あなたが読む詩の中にあなた自身の声とあなたなりの楽しみを見つけてもらえることを私は願っている。

💡長文を読むためのヒント⑳

《英文中の「省略」》

Douglas MacArthur（このMacArthurのArthurが大文字になっているのは，Macが「～の息子」というスコットランド系，アイルランド系の姓につけられる接頭語で，「アーサーの息子」の意だからである。ハンバーガーのMcDonaldも同じ）の座右の銘を①省略表現に注意しつつ，②かつ，もっと大局的に味わいながら，読んでみよう。

Youth means the predominance of courage over timidity, of adventure over the love of ease. This often exists in a man of 60 more than in a boy of 20.   Nobody grows old merely by a number of years.   We grow old by deserting our ideals. 「若さとは，臆病より勇気が勝ることであり，安楽を愛する心よりも冒険心が勝ることである。この若さとは，20歳の青年よりえてして60歳の老人にあることがよくある。だれも年齢の多さだけで老けていくのではない。私たちは理想を放棄していくことにより，老けていくのだ」(of adventureの前にand youth means the predominanceが省略されている)すばらしいことばではないか。私にも現状では決して満たされない夢があるように，受験生諸君も志望校をあきらめることなく，理想を追求し続けてほしい。

🎤ワンポイントレッスン

今回は，poemとpoetryの相違点について触れておきたい。poemは「1編の詩」という可算名詞であり，poetryは集合的に「詩，韻文」という意味の不可算名詞である（ちなみにpoetryには特に「詩的情趣」の意味もある）。

例 He has no poetry in his soul. 「彼の心には詩的情趣がまったくない」

また，このpoemとpoetryの関係は，jewelとjewelry, machineとmachineryの関係に類似する。語尾の～ryは「～類」を表す接尾辞である。（～ryはほかにも「性質」「身分」「製造所」などさまざまな意味を表しうる。）

---

21 これからのエネルギー (pp.44〜45)

📝解答
1 (1)イ　(3)ア　(4)イ　(6)エ
2 A
3 全訳下線部参照
4 ・壊滅的な事故の可能性があること。
　・多くの国の原子力計画が核兵器開発に結びついていること。
5 オ

💡解法のヒント
1 (1)代替の　(3)消費　(4)豊富な　(6)変えた
2 「また，化石燃料への依存度の高さが環境に悪影響を与えていることも認識されている」
Aの後ろでは，二酸化硫黄や窒素酸化物による酸性雨の話が展開されており，うまくつながる。
3 release A into B「AをBに放出する」
whichの先行詞は前の節全体。

4 下線部の直後に議論を引き起こす理由が書かれている。owing to ～「～が理由で，～が原因で」という意味の前置詞句である。

5 ア「1970年代は，再生可能エネルギーへの移行が加速した10年であった」*l.* 3参照。1970年代に中東で起こったエネルギー危機について述べているため，内容と一致しない。　イ「代替エネルギーの開発や先進国への石油供給は，中東経済に力を与えると期待されている」文中にそのような記述はない。　ウ「ガソリンの価格は原子力の拡大と大きな関係がある」文中にそのような記述はない。　エ「多くの国が化石燃料の使用制限と再生可能エネルギーの開発を促進している」*l.* 13参照。多くの国では，代替エネルギー技術の開発プログラムが始められているとあるが，化石燃料の使用制限については述べられていない。　オ「再生可能エネルギーが広く普及するためには，コストが依然として課題となっている」最終文参照。再生可能エネルギーは現在のところ合理的なコスト（採算が合う）範囲でしか電力に変換されていない。広く普及が進むためにはコストが問題となることがわかる。

解説

環境問題を取り扱う文章はこれまでに何度か目にしたことがあるだろう。とりわけエネルギーに関する話題は入試必須のテーマであり，英文にかかわらず幅広く目を通しておくべきである。さらに近年，SDGsがメディアに広く取り上げられており，こちらも入試に扱われやすいだろう。当然エネルギー問題もSDGsに含まれる大きな課題である。環境問題は食糧問題や生物の多様性，水や森林などの資源問題などと深く結びついているため，環境問題だけでなく，それに付随するテーマについても深く理解しておくとよいだろう。

l. 1　Growing concern ～ natural gasまでが主語。

l. 3　The volatility ～ fuel supplyまでが主語，caused by以下は直前のthe energy crisis of the 1970sを後置修飾している。

l. 7　Gasoline engines ～ natural gasまでが主語。主語の中にあるthatは主格の関係代名詞で，主語を訳すと「石炭や天然ガスを燃やすガソリンエンジンや蒸気タービン発電所」となる。emit A into B「AをBに放出する」，give rise to ～「～を引き起こす，～の原因になる」whereの先行詞はthe atmosphereで，theyが指すものはsubstantial amounts of sulfur

dioxide and nitrogen oxides。

l. 10　most environmental scientists have concludedは挿入句で，「大多数の環境科学者が結論づけているところでは」という意味である。

l. 13　to develop ～が直前のprogramsを修飾している不定詞の形容詞的用法。alternative energy technologiesを関係代名詞that以下が修飾している。

l. 16　abundant energy locked within the atomic nucleusは，locked以下がabundant energyを後置修飾している。

l. 18　owing to the possibility ～ accidentsと(owing)to the fact ～ nuclear weaponsがandで結ばれ，2つの原因が述べられている。

l. 26　yetはここではbutと同意。at the present timeは挿入句。only a small portion of itがこの文後半の主語である。

全訳　世界的なエネルギー需要の高まりや石油や天然ガスの埋蔵量が減少するという見込みから，実現可能な代替エネルギー源の開発が進められている。1970年代のエネルギー危機では，中東から世界の多くの先進工業国への石油輸送が激減したことにより，石油燃料供給の不安定さと不確実性が劇的にクローズアップされた。また，化石燃料への依存度の高さが環境に悪影響を与えていることも認識されている。石炭や天然ガスを燃やすガソリンエンジンや蒸気タービン発電所からは，大量の二酸化硫黄や窒素酸化物が大気中に排出され，酸性雨の原因となっている。また，化石燃料を使用すると，大気中に二酸化炭素が放出され，これが地球の表面温度を上昇させる温室効果をもたらすと大多数の環境科学者は結論づけている。

多くの国では，化石燃料の消費とそれに伴う問題を軽減するために，代替エネルギー技術の開発プログラムが始められている。20世紀半ば以降，化石燃料に代わるエネルギーとして最も注目されているのが，原子核に閉じ込められている豊富なエネルギーを利用して発電する原子力である。原子力は現在でも重要な選択肢の1つであるが，大事故の可能性や，多くの国の原子力計画が核兵器開発に結びついていることなどから，議論の的となっている。

そのほかにも，太陽光や風，移動する水，地上の熱（すなわち地熱エネルギー）などのエネルギーをより広く，より効率的に利用するために設計された技術が積極的に追求されている。このような再生可能で事実上無公害のエネルギー源は，世界のエネルギー需要に対して大きな割合を占めているが，現在のところ，合理的なコストで電力に変換できるのはごく一部である。

Left column

🔅 長文を読むためのヒント ㉑

《無生物主語》

第21課の文章を読んで気づいた人も多いかもしれないが，この文章には無生物主語が多く使われている。例えば，第1文の Growing concern over the world's ever-increasing energy needs and the prospect of decreasing reserves of oil and natural gas have prompted efforts to develop viable alternative energy sources. も Growing concern ～ natural gas が文の主語であり，直訳すると「世界的なエネルギー需要の高まりや石油や天然ガスの埋蔵量が減少するという見込みが実現可能な代替エネルギー源の開発を進めている」となる。しかし，無生物である主語を直訳してしまうとぎこちなさが残り，読み手にとっても理解しにくい文になってしまう。このことから，無生物主語が使われている文の訳し方のポイントを整理しておこう。大きく分けて以下の3つが訳し方のポイントである。

①無生物主語を副詞的に
②目的語を主語に
③他動詞を自動詞に

The present made him happy. 「そのプレゼントのおかげで，彼は幸せになった」
〈make＋O＋C〉「…に～させる」は無生物主語をとる代表的な形であるが，同様の意味で〈cause ... to ～〉「…に～させる原因となる」，〈enable ... to ～〉「…が～するのを可能にする」といった形もよく用いられる。

🎵 ワンポイントレッスン

化石燃料の枯渇と環境に対する害について知っている人は多いだろうが，それに代わる再生可能エネルギー(renewable energy)についてはどれほど知っているだろうか。これから多くの人が挑むであろう大学受験でも頻繁に取り上げられるテーマであり，ベースとなる知識があればあるほど正解に近づくことができる。以下に現在実用化されている再生可能エネルギーをいくつか記載した。どのような方法で発電するエネルギーなのか，自分で調べてみよう。

・hydroelectric power(水力発電)
・wind power(風力発電)
・solar power(太陽光発電)
・biomass power(バイオマス発電)
・geothermal energy(地熱エネルギー)
・marine energy(海洋エネルギー)

以上のような再生可能エネルギーは持続可能

Right column

なエネルギーであることから，sustainable energy とも呼ばれる。

---

22 今，世界の熱帯雨林が危ない！(pp.46～47)

🗒 解答

1 (1)—イ　(2)—エ　(3)—イ
2 (1)—コ　(2)—ア　(3)—キ
3 (1) that　(2) else　(3) to

🔅 解法のヒント

1 (1)雨林とは温帯雨林と熱帯雨林の2つを含む点を考えるとよい。ウは温帯雨林の説明に合致しているとしても，「最も適切な」ものではない。
(2)第4段落の第4文及び最終文より，エが正解である。
(3)イ以外は全て第5段落に書かれている。具体的には，アは l.23 の The trees で始まる一文に，ウは l.25 の and also limits the Greenhouse effect に，エは l.25 の which raises the Earth's temperature にそれぞれ書かれてある。

2 正しく並べかえた完成文は new ways to fight disease may die with them. である。第4課の 🔅解法のヒント の **3** でも述べたように整序問題の最大の急所は動詞にある。そして次にその動詞に対応する主語を探してみる。前後関係から考えて動詞は may die しかあり得ない。次に主語の候補は，ways か they だが，カの to に注目すると ways to fight ～「～と戦うさまざまな方法」という表現が容易に想起できよう。このように〔S＋V〕をまず固めることが，整序問題の一番のポイントである。

3 選択肢のない空所補充の単語問題であり，「本当の英語力」がないと正解できないだろう。しかし(1)は the main reason の内容を述べる名詞節を導くから that であり，(2)の not ～ anywhere else と(3)の due to の2つは，知っておくべき頻出イディオムである。

👤 解説

近年の入試長文において，頻出テーマの定番になりつつある環境問題のうち，雨林とりわけ熱帯雨林をテーマにした文章である。このテーマは21世紀に突入した今，ますます出題が増加することが予想され，注意が必要である。

l.1 The rain forests of the world are rapidly vanishing.「世界の雨林は急速に消滅しつつある」この文章全体の主旨を凝縮したインパクトの強い topic sentence である。また，rapidly

は「ひったくるように」が，vanish は「空(か
ら)になる」が，それぞれの原義であるから，
この文は見事に熱帯雨林破壊の現状を読者に伝
えている。

l.2 〜 as much as it was (in the news)
before and〜と考える。同等比較の後方の as
はそれより前の文章構造と同一となる。

l.5 〜, the main reason / many people do
not seem to be worried / about the rain
forests / is that /〜この部分をスラッシュを
入れて直読してみると，「その主な理由は/(何
の理由?)→/多くの人々が心配してはいない
ように見える/(何について?)→/雨林につい
て/次のことである/〜」となる。直読法で読
み進める時の重要なポイントの一つは，主文の
SとVをはっきりと理解することである。上の
文でいえば reasons がSで，その直後に関係副
詞 why を省略した many people 〜 the rain
forests が後続し，主部を見えにくくさせてい
る。is がVであることが一番の読解上のポイン
トである。名詞の連続(the main reason many
people)を見た瞬間に関係詞の省略に気づくの
が学力である。

l.11 are located in が *l.13* では are found に言
い換えられている。

　Indonesia, Congo, and Brazil. 首都は順に
Jakarta, Brazzaville, Brasilia である。ちなみ
に Jakarta のある Java(ジャワ島)に住む人々
は Javanese と言う。Japanese と混同しないよ
うに注意すべきである。

l.15 The richness of life in these forests is
amazing.「これらの森林の生命の豊かさは，び
っくり仰天するほどである」 冒頭の一文と同
様に見事な topic sentence である。amaze は
「a(とても)maze(困惑させる)」が原義であり，
maze は名詞で「迷路，迷宮，複雑に入り組ん
だもの」の意味がある。この1語に筆者が込め
た，熱帯雨林が育む life の多様性をぜひ味わ
って欲しい。さらにもう1つ。皆さんは forest
と woods のニュアンスの違いを御存知だろう
か。実は forest は「森林地帯，深い大自然の森」
のことで，woods は「人里近くの小さな森」(ち
ょうど，日本の原風景の1つである「鎮守の森」
をイメージすると理解しやすい)のことである。
語源的には，forest は，人間の住む側から見て
「外側の森」を意味し，foreign「外国の」は，
その類語になる。the richness of life は Life
is rich がベースになっている名詞構文である。
His pride doesn't allow him to do it. の中に

ある His pride も He is proud がベース。He
is too proud to do it.

l.22 A great benefit of the rain forests is
how 〜「熱帯雨林の偉大な恩恵(の1つ)は〜
の方法である」

l.26 the greenhouse effect「温室効果」 環境
問題における key word の一つでもあるので簡
単に解説しておくと，「自動車の排気ガスやゴ
ミの焼却によって排出された二酸化炭素やメタ
ンが，大気圏にガスの層を作り，太陽の光は通
すが熱は逃がさないという，ちょうど温室
(greenhouse)や，ビニールハウスのガラスや
ビニールのような働きをし，それが地球温暖化
の主因となること」である。

l.32 AIDS とは Acquired Immune Deficiency
Syndrome の acronym(頭字語)で「後天的免
疫不全症候群」のことである。ちなみに，現在
エイズとほぼ同意に使われることが多くなった
HIV は「ヒト免疫不全ウイルス(エイズを引き
起こすウイルス)」のことで，Human
Immunodeficiency Virus の acronym である。

l.36 Estimates range / from 350 to over
1,000 hectares / of rain forest / being
destroyed every hour.「見積もりは上下する
(幅がある)/(どれくらいの幅?)→/350から
1000ヘクタールを超えるくらいの幅で/(何
の?)→/熱帯雨林の/(どんな雨林?)→/毎
時間破壊されつつある」これが直訳である。

全訳 世界の雨林は今，急速に消滅しつつある。
これは長年にわたって起きていることなので，以前
ほどニュースには登場しなくなった。そのために，
ほとんどの人々があまりそのことを心配しなくなっ
ている。中には関心を持ち，雨林を破壊している特
定の政府や企業に抗議している人々もいる。このよ
うな抗議する人々によれば，多くの人々が雨林のこ
とを心配していないように見える主な理由は，雨林
とはどんなものなのか，そして世界全体にとってな
ぜ雨林がそんなに重要なのかを正確には認識してい
ないからである。
　雨林には2つの種類がある。すなわち熱帯雨林と
温帯雨林である。温帯雨林は，一般的に熱帯雨林よ
りも若い。大部分の温帯雨林が，ロシア，カナダ，
アメリカ合衆国にある。
　その一方で，熱帯雨林は，(その誕生から)何百万
年もの年月を経ていて，ラテンアメリカ，アフリカ
から東南アジアに至るまでの世界85か国に分布し
ている。世界(全体)の雨林の半分がインドネシア，
コンゴ，ブラジルのわずか3か国にある。
　これらの森林の中の生命の豊かさはびっくり仰天

するほどである。これらの熱帯雨林は，地球表面の
わずか7パーセントしか覆っていないが，世界の動
植物の少なくとも50パーセントの種に生息地を提
供している。これらの種の多くは，世界のほかのど
の地域にも見られないものである。人間もやはり雨
林に住んでいる。ここに暮らす人々の大部分は土着
の人々であり，食糧や住居を雨林に頼っている。

　雨林はそこに住む動植物や人間にとってだけ大切
なのではない。雨林の大きな恩恵（の1つ）は，雨林
の中の木々が二酸化炭素をきれいな空気に変えてく
れる方法である。木々は，二酸化炭素を根や茎や枝
や葉に蓄える。このおかげもあって大気中の汚染が
減り，地球の温度を上げる温室効果も制限される。
温室効果はひょっとしたら北極と南極の氷冠を溶か
して，（その結果）海水面を上昇させることになるか
もしれないのだ。

　研究者や科学者たちは，雨林は彼らが多くの病気
の治療薬を見つけるのにも役立つ可能性があるとい
うことを発見しつつある。雨林の植物は，心臓病や
リューマチのような病気の治療薬を生み出した。最
近，カメルーンの科学者たちが，エイズの治療に効
く可能性のある Aucistrocladus korupensis と
呼ばれるつる植物を発見した。これらのような植物
は，えてして雨林のある狭い地域に存在することが
多く，森が破壊されると，病気と闘うための新しい
いくつかの方法も，森林と共に消えてしまうかも知
れないのだ。「雨林でまだ発見されていない植物か
ら見つけられたかもしれない，がんやエイズの潜在
的な治療薬を失うことを考えてもみてください」と
熱帯雨林連合の代表者はコメントする。

　雨林破壊の現状は戦慄（せんりつ）すべきものだ。
いくつかの見積もりでは現在，毎時間350から
1000ヘクタール以上の雨林が破壊されている。切
り倒された土地には，新しい木々が植え替えられる
ことはほとんどない。熱帯雨林は，昔は地球の表面
積の14パーセント以上を覆っていた。しかし現在
では猛烈な森林伐採により8パーセント以下になっ
てしまっているのだ。

長文を読むためのヒント ㉒

《入試頻出テーマの「環境問題」》

　これからもますます出題頻度が増えると予想
される標記のテーマの重要語をこのコーナーで
まとめておく。
・water pollution「水質汚染」
・pollutant「環境汚染物質」
・ecology「生態学」
・industrial wastes「産業廃棄物」
・food chain「食物連鎖」

・desertification「砂漠化」
・acid[ǽsid] rain「酸性雨」
・deforestation「森林伐採」
・heat island「ヒートアイランド」（都市や工
　業地帯などで，熱の排出や建物，アスファル
　ト，コンクリートなどの影響で周囲の地域より
　も気温が高い地域のこと。）

ワンポイントレッスン

　この課に登場する disease[dizíːz]「病気」は
語源的には「安楽（ease）がない（dis）こと」で
ある。このように，dis- には，un-，mis-，in-，
non- 同様，否定の接頭辞である。以下，典型
的な例をあげるので記憶しよう。
・happy ― unhappy
・understand ― misunderstand
・sane ― insane
・cover ― discover
・regular ― irregular
・legal ― illegal

23 7つのツボの物語　　(pp.48〜49)

解答
1 Ⓐ―ウ　Ⓑ―イ　Ⓒ―エ　Ⓓ―ア
2 (1) saying　(2) noticing　(3) Brought
　(4) collected
3 I do not make enough money to
　keep my family in decent comfort.
4 エ

解法のヒント
1 ⒶIt 〜 that... の強調構文である。
　Ⓑ直前の a single passion の説明であるから
how が入る。
2 (3) bring (someone) to one's senses は「（人）
を正気に戻す」という意味のイディオム。
3 整序問題はSVの決定が最も大切である。主
語はIに決まっているからVを決定すればよい。
すると keep か make か comfort である。次に
「稼ぎが足りなくて」を「〜するには十分稼げ
ずに」と読み換えていく。すると，do not
make enough money to 〜 というVの部分が
浮かび上がる。全体としては標準レベルの整序
問題である。
4 オの「真の幸福」を選んだ人もいたはずであ
る。ある意味，これもこのぐう話のテーマとい
える。しかしエの正解に比してあまりに抽象
的・総括的であり，「最も適当なもの」ではない。

　人間の心の内にあるどん欲さを戒めたぐう話（fable）である。実際にこんなツボがあるはずがないが，不思議に心に残る小話である。古今東西，人間の本性は変わらないことを自覚させられる心の琴線に触れる物語でもある。

l.2　"Would you care to accept seven jars of gold？"　Would you～は「もしよろしかったら」という仮定の心情が入ることから，ていねいな感じが伝わる文である。また care は wish とほぼ同じ意味である。

l.5　"When merciful providence takes pity on a poor man like me, who am I to refuse its gift？"「情け深い神様が私のような貧しい男を気の毒に思ってくださるときに，その贈り物を断るとは私は一体何者だろうか」が直訳である。providence は「神の摂理，神意」が辞書の意味であるが，この文の状況では，すでに casuarina の形で具体化されているので「神様」と訳すべきである。また who am I to～？は反語疑問文であり，I shall never refuse its gift. の意となる。

l.8　～ and was greatly pleased to find the promised vessels already there.「そしてそこに約束の容器（ツボ）がすでにあるのを見つけておおいに喜んだ」　この vessels は jars のバリエーションである。ちなみに vessel には「（神の恵みを受ける器としての）人」の意味もあり，聖書の『ペトロの手紙』の中では，女性を the weaker vessel「より弱き器」と形容している。しかし女性の力が相対的に強くなってきた現在，本当に"weaker"かどうかは疑問である。

l.12　～ and converted the amount he got into gold coins「～，そして彼は彼が得た金額を金貨に換えた」　convert A into B は「AをBに換える」の熟語であり，he got into... と読みまちがえてはいけない。converted into gold coins the amount he got と目的語を後置させる言い方もできる。

l.14　From then onwards he was possessed with a single passion「それからというものずっと，彼は1つの願望にとりつかれた」　be possessed with〔by〕～は「～にとりつかれる」という意味の頻出熟語である。なお，passion「熱情，願望」という語は「苦しむこと」が原義にあり，the Passion と大文字で表記すれば，「（最後の晩さんから十字架上の死に至るまでの）キリストの受難」の意になる。その意味からもこの passion は原義にかなった表現である。

l.18　Yet the greedy jar refused to be filled up completely「しかし，このどん欲なツボはいっぱいになることを拒んだ」　ちょっと落ち着いて考えてみればわかるが，greedy なのはツボそのものではなく，ツボに仮託された床屋（＝人間）なのである。従ってこの greedy jar は「転移修飾語句（transferred epithet）」である。この文例を1つあげておく。

　例　He lay all night on his sleepless pillow.「彼は一晩中，寝つけなかった」（←眠れないのは pillow「枕」ではなく彼である）

l.29　～, prayed / that the king not listen to evil tongues / that might have informed his majesty about the matter.「（神に）祈った / 王が中傷する人々の声を聞かないようにと / その声はそのことについて陛下（＝王）に知らせてしまったかもしれない」が直読訳。the king と his majesty は同格，この prayed that(S＋V) の節では仮定法現在を用いている。

l.36　I have had enough of them.「私はそれらをもう十分に持った」が直訳。〈enough of＋名詞〉で「うんざりするほどたくさんの」の意味。

　例　I've had enough of this folly.「こんなばかなことはもうたくさんだ」

l.38　～ had vanished by themselves の by themselves は「ひとりでに」＝ automatically の意である。

　ある日，1本のトキワギョリュウの木のそばを通り過ぎるとき，王様の床屋は「お前は金貨の入った7つのツボを欲しいと思うか」という声を聞いた。

　これを聞いて彼はすぐに立ち止まって辺りを見回したが，回りにはだれもいなかった。その声の主は木だったのだ。その木は金貨の入った7つのツボをやるとくり返した。床屋は欲をかき立てられ，答えた。「情け深い神様が，私のような貧乏人をふびんに思ってくださるというのに，その贈り物を断ることがありましょうか。（決してそんなことはしません。）ツボはどこにあるのですか。」

　「家に帰りなさい」とすぐに返事が返ってきた。「家に帰ればそこにツボがある。」

　床屋は急いで家に戻り，約束したツボがすでにそこにあるのを見つけておおいに喜んだ。ふたを開けてみるとツボはすべてあふれんばかりにキラキラ輝く金貨でつまっていた。ただし，最後のツボだけは別で，それは半分カラであった。これもほかのツボのようにいっぱいであるべきだと彼は思った。それで彼は身の回りのものを少し売り，その金額を金貨に換えて，このツボに投げ入れた。それでもなお，

ツボにはすき間が残り，彼はそれが気になった。

それからずっと，彼は1つの願望にとりつかれたのである。どのようにすればその7つ目のツボをキラキラ輝く金貨で縁までいっぱいにできるだけのお金を稼ぐことができるのだろうかと。彼は食事や衣服，そしてあらゆるものを倹約し始めた。自分や家族にお金を貯めるためにあらゆる楽しみを与えなかった。そしてそのお金をツボに入れた。しかしながらこのどん欲なツボは決していっぱいになろうとしなかった。いつになっても，すき間が少し残ったのだ。

そこで床屋は王様に給料を上げて欲しいと頼んだ。「というのも，私は稼ぎが足りなくて，家族に人並みに楽をさせてやれません。」と嘆願したのだ。願いはかなった。しかし，給料が増えても彼は幸せにはならなかった。というのも，給料やほかの稼ぎをすべて，ツボに入れたにもかかわらず，ツボにはすき間が残ったからだ。いまや彼は物乞いをはじめ，手に入れたものは何でも金貨に換えてツボに入れた。

ある日，王様は床屋がみじめな状態でいるのに気づいて，こういった。「何かあったのか。今の稼ぎの半分しかもらってなかったときにはお前は幸せで満足そうだった。いまは給料が増えたにもかかわらず，ぼろを着て歩き回っている。ひょっとしてお前は呪われた金のツボの所有者になったのか。」

これを聞いて床屋はひざまずいて，手を握りしめながら，このことについて王様に知らせたのかもしれない中傷する人々の声には彼が耳を貸さないようにと祈った。

王様は言った。「私はだれから聞いたのではなく，太古からあの呪われたツボを申し受けた人はみんなお前のようになった。つまり，すっかりみじめになってしまったのだ。家に帰って呪われたツボを片づけてしまえ。」

この忠告を聞くと床屋は目を覚まし，すぐにあの呪われたトキワギョリュウの木のところへ走って行き，そして叫んだ。「あの金のツボを持って帰ってくれ。もううんざりだ。」

床屋が家に帰ると7つのツボはひとりでに消えていて，彼が苦労して貯めたお金もすべて，ツボといっしょになくなっていた。それなのに，床屋はおおいに安心して，それから先は以前のように幸せに暮らした。

ひょっとして，あなたの家に，あるいはあなたの心の中に，呪われたツボはないだろうか。

💡 **長文を読むためのヒント ㉓**

《複合関係代名詞》

本文 *l.*32 の〔Ⓓ〕に入る whoever は「複合関

係代名詞」であり，anyone who の意味である。今回はこの「複合関係代名詞」を整理しておく。これ以外の複合関係代名詞としては，whomever ＝ anyone whom，whatever ＝ anything that（〜は何でも），whichever ＝ any〔either〕one that（〜はどれ〔どちら〕でも），などがある。ただし単語のみを覚えても成果は少ないので，次のような例文で記憶すること。

Whoever comes here can have it.「ここに来る人はだれでもそれがもらえます」

He has whatever I have.「彼は私が持っているものは何でも持っています」

🎧 **ワンポイントレッスン**

*l.*17 の savings は単数形 saving「節約（されたもの）」の具体的イメージとしての「（銀行や郵便局に預けられた）貯金」の意味である（この課では床屋は，ツボに「預けた」のである）。今回は，複数形にしたとき，saving → savings以上に，大きく意味を変える名詞を整理してみたので，単数の意味との隔たりを理解していただきたい。これらは入試頻出語でもある。

airs「気取った態度」，*cf.* put on airs「お高くとまっている，偉そうにする」，customs「関税」，manners「行儀，作法」，letters「学問，文学」，arms「武器」，forces「軍隊」，cards「トランプ」，provisions「食料」

---

24 ボディーランゲージの世界 (*pp.*50〜52)

📝 **解答**

1 A—エ　　　B—イまたはキ
C—ウ　　　D—カ　　　E—ク

2 (1)—オ　　(2)—イ　　　(3)—ウ
(4)—ア　　(5)—エ

3 (1)—エ　　(2)—カ　　　(3)—イ
(4)—オ　　(5)—ウ　　　(6)—ア

4 イ，ウ，オ

5 全訳下線部(F)，(G)参照

6 (1)—イ　　(2)—イ　　　(3)—イ
(4)—ア

💡 **解法のヒント**

1 それぞれの空欄の context（前後関係）から判断する。決して簡単な問題ではない。

2 (1)アは Another，イは But，エにも many other とあるから，英文構成上これらが冒頭文にくることはない。そして直後に By 〜「〜に

よって」とあるから**オ**が正解となる。

(2)第2段落は，私たちの理解の残りの70%を占める音声のないものがあげられている。よって**イ**が入る。

(5)最終段落では，第3，第4段落で述べられた以外のボディーランゲージがテーマになっている。したがって**エ**が入る。

3 完成した文の訳は(1)「ほかの言語の学習は文法と構文の習得が必要だ」 (2)「いいかげんにやった宿題を先生にしかられると私はいつもとてもみじめになる」 (3)「申し分のない健康は人生の楽しさに寄与するものの1つだ」 (4)「私たちは天然資源を保持することがいかに必要だったかがわかる」 (5)「この絵を見るとあなたもその光景の美しさが多少はわかるでしょう」 (6)「私には彼女の行動が理解できない」

4 **ア** Words はこの文の主語にはそぐわない。**カ** North Americans は約4フィート離れて立つ。

6 それぞれの問題になっている下線部の発音は(1)[ou] (2)[au] (3)[æ] (4)[ʌ]である。

■解説

　ボディーランゲージに関する文章。出典はC. Dobbs の "Reading For a Reason" である。この文章の最重要点は，実は人間でさえ，コミュニケーションのかなりの部分を言葉以外の手段，すなわちボディーランゲージに依存しているということである。また，これを入試問題の側面から見ると，**1**と**2**で10か所も英文に空欄を生じさせており，論理的思考力がないと対処できない。したがって，かなり総合的な学力が要求される。**1**や**2**のような問題を解く際に最も重要なことは，まず選択肢をしっかり見て，その後に本文を読み始めることである。要は1つ1つ着実に解いていくことである。

l.2 ～, comprehension of another person's speech involves more than the actual words「相手の話を理解するには実際の(=実際に述べられた)言葉以上のものが必要である」 この文中の involve は辞書には「～を含む，～を巻き込む」がまず登場するが，「～が必要である」とするのがうまい訳になる。

l.10 ～, as do spoken words「話される言葉と同じように」 これは倒置表現であり，普通の表現に置き換えると，as spoken words involve sound となる。

l.15 Therefore, this explains why ～「それゆえ，このことはなぜ～であるかを説明する」が直訳である。まず Therefore であるが，これは，

Consequently や That is（to say），In short, In other words などとともに結論をこれから述べる際に用いる語であるから，長文読解においては超重要語である。また次の this explains why は「このために，～である理由がわかる」と，こなれた訳に（この部分の和訳を求められれば）するのがよい。

l.18 However, the language of the body is different in different cultures.「しかし身体を用いた言語は文化圏が違えば，違ってくる」この cultures の語尾の s は注意が必要。「文化」という抽象概念ではなく，言語の違い等により生ずる「文化圏」という具体的イメージの訳語が適切である。

l.23 But other cultures expect a child to ～「しかし，ほかの文化圏では子どもが～するのを期待する」が直訳である。しかし，この訳は常識レベルの日本語としてはいかにもつたないので，■全訳■のような訳文にしてある。

l.24 A child who looks directly at a parent or a teacher in such a situation is not being respectful or polite.「こんな状況で親や教師をまっすぐに見るような子どもは，敬意を表していない，あるいは礼儀正しくしていないのである」 文中の is not being は「一時的な状態」を表している。この用法の具体例をあげると，He is being a fool.「彼は馬鹿をやっている（=馬鹿を演じている）」

l.28 ～ will keep a distance of... の will は「習性」を表す will で，「～するものだ」の訳がよい。

l.39 ～ these are cultural matters「これらは文化圏的な事柄である」が直訳であるが，この直訳では何のことかさっぱりわからない。このような場合は，本文の論旨に沿った形容詞を補う工夫をする。第3段落以降，文化圏によるボディーランゲージの相違がテーマであった。したがって cultural matters は「文化圏によって違ってくる事柄」と訳すのが妥当。

■全訳■ 私たちがだれかと面と向かって話をしているとき，相手の人の言葉の意味をどのようにして理解するのであろうか。もちろん相手が使う言葉によって理解するのである。これは正しいが，完全な事実ではない。専門家によれば，相手の言葉の理解には実際に述べられた言葉以上のものが必要であるとのことだ。事実，実際に述べられた言葉は伝達内容の理解にわずか7～10%しか寄与していないと専門家は言う。さらに，声の抑揚（上昇および下降の音声の高さのパターン）や言葉の速さ（遅い，速い）

や言葉にならない音声（うめき声，笑い）も私たちの理解に役立つ。音調は楽しさ，怒り，面白さ，皮肉などを示すことができる（ある音調で言えば，「あなたが大嫌い」が「あなたが大好きだ」という意味になることがある）。話される言葉と同じように，意味を伝達するこうした言葉によらない付随的な方法も音声を必要とするが，私たちの理解にさらに20〜23％役立つのである。

しかし話される伝達内容の全面的な理解には言葉と音声以外のものも含まれる。音声のない項目，例えば，ジェスチャー，話し合っている人の間の距離，目の動き，ほほえみ，しかめ面（顔をゆがめること），ある状況では読唇術などが，私たちの理解に残りの70％役立つのである。このことで，電話越しに外国語を理解することのほうが，より一層難しく思えることの理由がよくわかる。——私たちは理解に必要な手掛かりの30％しか持っていないのだから。

目の動き，話し合っている人の間の距離，ジェスチャーのようなものは，ボディーランゲージ（身体言語）と呼ばれる。しかし身振りや表情・態度などによる言語は文化圏が違えば違ってくる。例えば，アメリカ合衆国の親や先生が子どもを叱っているとき，子どもは親や先生をまともに見なければならない（「私があなたに話しているときはあなたは私を見るのですよ！」というのが，多くのアメリカ人の母親が言うことだ）。(F)もしも子どもがどこかほかのところを見ていれば，子どもは聞いていないか，言うことに従うつもりはないのだと親も先生も考える。しかしほかの文化では，このようなときには子どもは下を向いていることが求められる。こういう場合に親や先生をまともに見る子どもは，敬意を表していない，礼儀正しくないと思われるのである。

もう1つの文化圏により違ってくる領域は，会話をしている2人の人の間の距離である。この距離は2人の話している人の関係により決まる。例えば，個人的な会話をしている北アメリカの友人2人は2，3フィートの間隔を保つものである。もしも互いに相手をよく知らない2人の話している人が（天候や株式市場などに関する）個人的感情のない会話をしているならば，2人はふつう4フィートくらい離れて立つ。これに対して，南アメリカの人は個人的感情のない会話ではふつう2，3フィート離れて立ち，個人的な会話ではずっと近づいて立つ。北アメリカの人は，内密の話をしているときや，例えば恋人の場合のように，2人の話者の間に親密さがあるときに限って，2フィート以内に立つのである。

ボディーランゲージのほかにもたくさんの文化圏による違いの実例がある。さようならの手の振りかた，相手をじっと見つめる時間の長さ，賛成・不賛成を表す手のジェスチャー，ほかの人の話を聞いているときの頭や身体の保ちかたはそのいくつかの例である。残念なことだが，問題はこういうことは文化圏によって違ってくる事柄であることを私たちが必ずしもわかっていないままに，ほかの人々を判断する傾向にあるということである。「目を伏せる」文化圏出身の人々は，北アメリカの子どもを大人や先生の目を見るのでたいへん礼儀知らずだと思う。(G)北アメリカの人は，南アメリカの人は個人的でない状況の中であまりにもなれなれしい（すなわち，あまりにも接近しすぎる）と考える。こういう判断のために文化間の意思・感情の伝達に難しさが増すのである。

💡 **長文を読むためのヒント ㉔**

《日米のボディーランゲージ》

今回は日米のボディーランゲージの相違のうち，gesture にしぼって特徴的なものを2つほどあげておく。

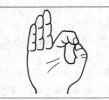

まず日本では「お金」のサインは親指と人指し指で円形を作るが英米では，親指の腹と人指し指の内側をこすりあわせて表現する。ま

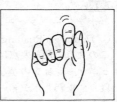

た，日本では自分のことを表すのに人指し指の腹を自分の鼻に向けるが，英米では，親指で自分の胸をつく。(jerk one's thumb at one's chest)

この2例のほかにも，特徴的なものはたくさんある。これらはすべて受験英語という狭い視野からは軽視されがちであるが，「英米の文化」を理解するという大所からみると重要なことである。「英語の心」を知るためにも，単なる「受験英語」というテクニカルなレベルを超えて，大学に進学後も英語に接していかれることを，英語の一愛好者である私は，受験生に希望する。

本文の *l.* 25 にある respectful という語は respect の形容詞形であるが，この respect という動詞からは，respectful「ていねいな」以外に respectable「尊敬すべき，きちんとした，まともな」，respective「それぞれの」の形容詞形が派生する。また前置詞として respecting「～に関して」という語もある。さらに sense という名詞からは sensual「肉感的な」，sensuous「感覚による，感覚に訴える」，sensible「分別のある，賢明な」という3つの形容詞が派生している。このようにある語を辞書で引いたときに，その派生語も同時に調べる熱心さがあなたを成功へと導く。武者小路実篤という小説家はこんなことを言っている。「努力，努力，努力のみよく奇跡を生む」…と。

---

25 老化のメカニズム （*pp.*53～55）

解答

1 イ，オ，ク

2 オ

3 (1)—イ　(3)—ウ　(4)—イ　(5)—ウ
(6)—ア　(7)—ア

4 (2)(its owner) has yet to reach (his or her full intelligence)
(11)it consists (only of metal)

5 ageing

6 (A)more　(B)repair　(C)ourselves

7 全訳下線部(13)参照

解法のヒント

1 ウ「私たちの一人一人は日ごとに体力を失っていることを意識している」 conscious は意識的に関心を集中していることを意味する。*l.*5 に not so visible とあり，*l.*17 に Normal people tend to forget this process とある。
オ teens は年齢が13～19歳であることを意味する。
キ medicine「医学，薬」に関する記述はない。よって×。
ケ reach the height は「頂点に達する」を表す。身心の発達が頂点に達するという表現は，*l.*1 の It has yet to reach ～以下の記述と合致しない。

2 オが強調の助動詞である。「あら，結局はいてくださったのね。もっと早くお発ちになると思ってましたのよ」

3 (1)has yet to～は「～するには至っていない」。
(3)vulnerable[vʌ́lnərəbl] は「弱い，傷つきやすい」。
(5)differ little「ほとんど違わない」と similar「同じような」は，ほぼ同じと考えてよい。
(6)odds は複数扱いで「見込み，勝ち目」の意。
(7)the chances are against it の it は「80歳代，あるいは90歳代まで生きぬくこと」を指す。

解説

人間の老化(ageing)を扱った文章である。人間が老けるという事実を，これほど冷徹かつ科学的にしかも平明な言葉で述べた文章を私は知らない。人間も結局は mortal(死すべき運命の)な有機体の一員だという厳然たる事実を再認識させられ，その明晰な論理展開には一種の清涼感すら覚える。

*l.*2 ～, and its owner his or her full intelligence「そしてその持ち主はその最高の知能を得るには至っていない」 等位接続詞 and の働きから has yet to reach を補う。

*l.*5 ～ which, though not so visible at first, will finally become so steep that we can live no longer, however...「そしてそれは，当初はそんなに目立たないが，結局はあまりに急激になるので，私たちはもはや生きられなくなる，いかに…であろうとも」 which を It に代えて独立文にすると読みやすい。It, though it is not so visible at first, will finally…, however ～.

*l.*8 It is one of the most unpleasant discoveries which we all make that ～「～ということは私たちみんなが発見することのうちで最も不愉快なものの1つである」 この文は～の部分がかなり長いので多少読みづらいかもしれないが，～の部分には that で導かれる名詞節が3つあることがわかれば基本的な It... that の仮主語…真主語の構文であることが理解できるだろう。make a discovery「発見をする」

*l.*11 and / that this happens at a rate / which differs little from person to person /, so that / there are heavy odds / in favour of our dying / between the ages of sixty-five and eighty. この文全体で3番目の真主語になっているこの部分は，この課全体でもいちばんの解釈の難所になっている。ここまでたどりついた諸君には相当の実力がついているはず。まず直読してみよう。「そして / このこと(老齢で死ぬこと)は1つの比率でおこる / その比率

は人が変わってもほとんど異ならない／結果として／重い勝算がある／私たちが死ぬことを支持しての／65歳から80歳の間に」 この直読訳でも英文解釈上は十分である。この訳にさえたどりつけば，全訳のような訳はすぐにでてくるだろう。

l.13　a few will live longer — on into a ninth or tenth decade.「私たちの中にはもっと生き延びて，9番目あるいは10番目の10年間に突入する人も若干はいる」 a few は a few of us と考える。この—(dash) の働きは，すぐ前の longer を補足する働き。英語は究極的には左（＝前）の語句を右（＝後）の語句が説明していく。また〔大まか→細か〕の大原則に従った言語であると述べたが，この部分もその原則の下（もと）にある。ちなみに on があるのは「生き延びる」という「継続性」を表すため（on がなくても英文は成立する）。

l.18　We are so familiar with the fact / that man ages, / that people have for years assumed / that the process of losing vigour with time, / of becoming more likely to die the older we get, / was something self-evident, / like 〜.直読訳は「私たちはあまりにその事実をよく知っているので／人間は老けるという事実を／人々は何年も思ってきた／時とともに活力を失う過程は／また年をとるにつれてますます死にやすくなるという過程は／何か自明なことであったと／ちょうど〜のように」となる。

l.23　Most animals we commonly observe <u>do</u> in fact age as we <u>do</u> 〜　この部分の2つの do は見逃せない。最初の do は age を強調する助動詞，後ろの do は age のくり返しを避けるための代動詞である。*l*.25 の do も run を強調する助動詞である。

l.30　〜, which wears away の which の先行詞は metal である。

l.30　We could, at one time, repair ourselves — well enough, at least, to overcome all but 〜「私たちは，かつては，活力を取り戻すことができた——少なくとも〜以外のものに打ち勝つ程度にまでは」 all but には副詞で「ほとんど」の意味もある。

l.33　an illness which at twelve would knock us down, at eighty can knock us out, and into our grave.「12歳のときに私たちを倒す（ノックダウンさせる）かもしれない病気は，80歳のときには私たちを打ち負かし（ノックアウト

させ），そして墓場へとたたき込むだろう」 would は「弱い推量」を表している（同文で80歳のときには can を使っていることと対比させると興味深い）。また knock A down, knock A out, knock A into という knock を使った動詞句の3つの使いわけがみごとであり，記憶に値する一文である。なお最後は and（knock us）into our grave と考えると理解しやすい。

l.35　下線部の冒頭に it would take about を補って考えると理解しやすい。

全訳　12歳のときが人間の体は最も活力にあふれている。まだ最大の大きさに達していないうえ，その持ち主はその最大限の知能を得るに至っていないが，その年齢では死亡の可能性はいちばん低い。それ以前は私たちは幼児，そして幼い子どもだったのでもっと弱かった。その後，私たちは活力と抵抗力を累進的に失っていくだろう。この喪失は初めはあまり目立たないが，最後にはとても急激になるので，たとえどんなに自分の体に気をつけても，どんなに社会やかかりつけの医者が私たちの面倒を見てくれても，私たちはもう生きることができなくなる。活力が時間の経過とともにこのように衰えることは老化と呼ばれる。私たちがこのように必然的に衰えること，すなわち戦争や事故，病気を逃れても，やがては老齢で死ぬだろう（こと），そしてこのことが人によってほとんど違わない比率でおこるので，65歳と80歳の間で死ぬ可能性が高いことは私たちがすべてがする発見の中で最も不愉快なものの1つである。私たちの中には早く死ぬ人もいれば，長生きして80歳代あるいは90歳や100歳まで生きる人も少しいる。しかしその確率は低い。さらにどんなに私たちが幸運で，じょうぶであっても，生きたままであり続けられる長さについては，事実上の限界がある。

　通常の人は，この過程を（何かで）思いおこすまで忘れる傾向がある。私たちは人は老化するという事実をよく知っているので，人々は時とともに活力を失い，年を重ねるにしたがって死ぬ可能性が高くなるという過程を，ちょうど熱いやかんが冷えていくように，あるいは靴がすり減るようにわかりきったことであると何年も思ってきた。彼らはまたすべての動物および，おそらく樹木などの他の有機物や宇宙それ自体ですら実質的に「すり減る」物に等しいと考えてきた。私たちが通常観察するたいていの動物は，十分長生きする機会が与えられたとしたら，人間と同様実際に老化する。そして，ねじ巻き時計のような機械装置や太陽は，実際に最後にはエネルギーを失う。しかしこれは人間が老化するときにおこることとは同様ではない。（ねじが）ゆるみきった

時計は依然として時計であり，再び巻くことができる。これに対して古い時計はすり切れ，当てにならなくなっているので最後には修理する価値がなくなる。しかし時計は決して自ら回復することはできないだろう。なぜならば時計は生命を持った部分から構成されておらず，ただ金属で構成されているからだ。金属は摩擦によってすり減る。私たちはかつては回復することができた。——少なくとも即座に命を奪う病気や事故のほかは皆打ち勝つことができる程度に。12歳と80歳の間で私たちは徐々にこの回復力を失う。12歳のときに私たちを倒す（ノックダウンさせる）かもしれない病気は，80歳では私たちを打ち負かし（ノックアウトさせ），そして墓場へとたたき込むだろう。もし私たちが12歳の活力を持ち続けられるとしたら，私たちの半数が死ぬのに約700年かかるだろう。そして，(13)生き延びたものがさらに半減するのにさらに約700年かかることだろう。

長文を読むためのヒント ㉕

《「英語を食べる」ということ》

　このコーナーも最終回となった。今回は究極の英語学習法について話そう。すなわち「英語を食べる」ことについて。さて皆さんは，どんなふうに英語を勉強しているだろうか。この文章を書いていてもあなた方の勉強方法が見えてきそうだ。長文を声を出さずに読む。わからなくてもとにかく読む。わからない単語の意味を1つ，2つ辞書から書き写す。何とか訳す。訳がわからなくなったら，そこで投げ出す。そして授業を受ける（あるいは授業まで予習をしない人も多いのかも…）。そして，定期考査の前は日本語訳を必死で覚える…。こんな勉強法で

は10年たっても100年たっても真の英語力はつかない。

　英語はまず音声である。この大原則に戻ろう。結局，言語はcommunicationのための手段なのである。学習すべき長文を，予習のときも復習のときも音読し，そしてひたすら直読に努めるようにしよう。よく単語集で単語を覚えようとしている人を通勤の行き帰りの車内でも見かけるが，そのこと自体は決して悪くはない。しかし単語だけ覚えるのは「労多くして効少なし」の典型である。だまされたと思って今日から音読して，そして1つでも多く英文を覚えよう。これが「英語を食べる」ことなのだ。

　最後にもう1つのadvice。英語には，3つの「キ」がたいせつであるといわれる。いわく「根気，年季，暗記」。それではGood Luck！

ワンポイントレッスン

　このコーナーも最終回となった。今回は*l*.5のvisible「目に見える，明らかな」について話そう。このvisibleは「見ることの(vis)できる(ible)」が原義である。よく入試に出る英単語からvis-の語幹を持つ語を整理してみる。

vision「視力，未来を予見する力」
visit「訪問する」（「見に行く」）
visor[váizər]「（日光をさえぎり，見やすくする）帽子などのひさし」
evidence「証拠」（←明白に見えるもの）
video「ビデオ」
advíse「忠告する」（←ある方向から見守る）
súpervise「監督する」（←上から見張る）
　また-visの変形の-vidも同様の意味を持つ。